Sophie Weber

Schöningh

EinFach Deutsch

Georg Büchner

Lenz

... verstehen

Erarbeitet von
Roland Kroemer

Herausgegeben von
Johannes Diekhans
Michael Völkl

Bildnachweis

S. 13, 15, 36, 37, 40, 41, 44: Alfred Hrdlicka, 7 Illustrationen zu „Lenz" © VG Bild-Kunst, Bonn 2015; S. 27: Hessisches Landesmuseum Darmstadt, Foto: Wolfgang Fuhrmannek; S. 46, 47 (2), 53, 66: akg-images; S. 49 l.: bpk; S. 49 r.: bpk/adoc-photos; S. 54: ullstein bild; S. 56: © picture-alliance/akg-images; S. 57: INTERFOTO/Sammlung Rauch; S. 83: ddp images

Sollte trotz aller Bemühungen um korrekte Urheberangaben ein Irrtum unterlaufen sein, bitten wir darum, sich mit dem Verlag in Verbindung zu setzen, damit wir eventuell notwendige Korrekturen vornehmen können.

www.schoeningh-schulbuch.de
Schöningh Verlag, Jühenplatz 1–3, 33098 Paderborn

Druck A 5 4 3 2 1 / Jahr 2020 19 18 17 16
Alle Drucke der Serie A sind im Unterricht parallel verwendbar.
Die letzte Zahl bezeichnet das Jahr dieses Druckes.

Umschlaggestaltung: Nora Krull, Bielefeld
Umschlagbild: National Opera Warsaw „Jakob Lenz" (Krzysztof Bieliński)
Druck und Bindung: westermann druck GmbH, Braunschweig

ISBN 978-3-14-022573-1

Inhaltsverzeichnis

An die Leserin und den Leser

Liebe Leserin, lieber Leser!

„Ich habe mir hier allerhand interessante Notizen über einen Freund Goethes, einen unglücklichen Poeten namens *Lenz*, verschafft, der sich gleichzeitig mit Goethe hier aufhielt und halb verrückt wurde. Ich denke darüber einen Aufsatz in der deutschen Revue erscheinen zu lassen."[1]
Als Georg Büchner diese Zeilen 1835 aus dem Straßburger Exil an die Familie schrieb, konnte er nicht ahnen, dass der erwähnte „Aufsatz" eines Tages zu den bedeutendsten Werken der deutschsprachigen Literatur zählen würde. Während er sich selbst in einer seelisch stark belastenden Situation befand, da er wegen seiner revolutionären Flugschrift „Der Hessische Landbote" steckbrieflich gesucht wurde, begann er seine Erzählung über den psychisch erkrankten Dichter Jakob Michael Reinhold Lenz. Darin beschreibt der gerade mal 22-jährige Autor, wie Lenz während seines Aufenthalts beim evangelischen Pfarrer Oberlin im elsässischen Steintal in den Wahnsinn abgleitet. Büchner schildert diesen Krankheitsverlauf mit all seinen erschreckenden Aspekten so eindrucksvoll und sezierend genau, dass die Erzählung eine nachhaltige Wirkung hatte. Obwohl nur Fragment geblieben, beeinflusste sie die nachfolgende Literatur – allen voran die Werke der Naturalisten und der Expressionisten – so sehr wie nur wenige andere Erzähltexte aus dem 19. Jahrhundert.
Die literaturgeschichtliche Bedeutung der Erzählung „Lenz" beruht jedoch nicht allein auf der meisterhaften Darstellung einer Krankengeschichte. In der geschilderten Episode aus dem Leben der Titelfigur spiegelt sich vielmehr ein allgemeiner soziokultureller Wandel wider, der Europa Anfang

---

[1] aus einem Brief Büchners an die Familie im Oktober 1835 (Georg Büchner: Werke und Briefe. München: dtv 1988, S. 310)

des 19. Jahrhunderts erfasste. Nicht umsonst gilt Büchners Erzählung als Schlüsselwerk der modernen Literatur. Sie ist ein künstlerisches Zeugnis aus einer Zeit, in der das Gefühl existenzieller Geborgenheit durch den Bedeutungsverlust der Religion und die zunehmende Rationalisierung der Welt allmählich schwindet. Lenz' Krankheit mit ihren Symptomen der Angst, Einsamkeit und Verzweiflung lässt sich auch als Abbild der Befindlichkeit des Menschen zu Beginn der Moderne auffassen.

Doch nicht nur die Thematik, auch die stilistischen Mittel sind ein Grund für die ungebrochene Faszination der Erzählung „Lenz", deren bildhafte und lebendige, zuweilen fast atemlose Sprache geradezu alterslos wirkt. Insbesondere die gewaltigen Naturbeschreibungen, die den Seelenzustand der Titelfigur widerspiegeln, werden seit jeher bewundert. Zudem verwendet Büchner damals weitgehend unbekannte Erzähltechniken, wie etwa die erlebte Rede, um dem Leser einen Eindruck von Lenz' gestörter Wahrnehmung zu vermitteln. So wird die Lektüre auch in sprachlich-stilistischer Hinsicht zu einem ästhetischen, wenn auch nicht immer einfachen Genuss.

Der vorliegende Band aus der Reihe „EinFach Deutsch ... verstehen" will Ihnen einen Einblick in dieses Stück Weltliteratur eröffnen. Neben ersten Zugängen zur Interpretation der Erzählung dienen Anmerkungen zum biografischen, zeitgeschichtlichen und kulturwissenschaftlichen Hintergrund der Vertiefungsmöglichkeit. Für eine erfolgreiche Prüfungsvorbereitung können Sie sich außerdem die Aufgabenform „Personencharakterisierung" sowie textanalytische Verfahren erarbeiten.

Viel Freude beim Lesen, Nachdenken und Verstehen wünscht

Roland Kroemer

Der Inhalt im Überblick

Nach einer Wanderung durch das Gebirge, auf der ihm die Natur unheimlich und bedrohlich erscheint, gelangt der psychisch erkrankte Dichter Lenz in den kleinen Ort Waldbach im elsässischen Steintal und wird vom evangelischen Pfarrer Oberlin und dessen Familie herzlich aufgenommen. In den ersten Tagen erfährt er das Tal als heile und heilsame Welt, in der er, abgesehen von wiederkehrenden nächtlichen Angst- und Panikattacken, allmählich zur Ruhe findet. Vor allem die Religiosität der Bewohner, die noch in Einheit mit der Natur und mit Gott zu leben scheinen, beeindruckt ihn stark. Selbst von der spirituellen Ausstrahlung des Ortes ergriffen, hält Lenz, ein ausgebildeter Theologe, bald eine bewegende Predigt in der Kirche. Danach erlebt er in seinem Zimmer einen Zusammenbruch und wird von quälender Einsamkeit erfasst. Am nächsten Morgen aber, als er sich mit Oberlin über übersinnliche Themen unterhält, hat sich sein Zustand wieder gebessert.
Kurz darauf kommt Kaufmann, ein Bekannter von Lenz, mit seiner Braut zu einem kurzen Besuch im Steintal vorbei. Es entwickelt sich ein Gespräch über Literatur und Kunst, in dem sich Lenz als überaus kompetent erweist und seinen Standpunkt leidenschaftlich und überzeugend vertritt. Als ihm Kaufmann danach aber Briefe des Vaters zeigt, in denen Lenz ermahnt wird, nach Hause zurückzukehren und einer sinnvollen beruflichen Beschäftigung nachzugehen, gerät Lenz erneut aus dem psychischen Gleichgewicht. Sein Zustand verschlechtert sich auch deshalb, weil Oberlin, seine wichtigste Bezugsperson in Waldbach, zu einer kurzen Reise in die Schweiz aufbricht. Lenz begleitet den Pfarrer ein Stück weit und gelangt dann allein in ein Nachbartal, wo er in einer fremden Hütte übernachtet, in der ein krankes Mädchen und seine Mutter leben. Die bedrückende Atmosphäre und vor allem ein unheimlicher Mann, der

für das Mädchen sorgt und betet, verunsichern ihn so sehr, dass er schon bald ins Steintal zurückkehrt.

Nur in Gesellschaft mit Madame Oberlin, die ihm nicht helfen kann, empfindet Lenz eine immer größere Unruhe. Vor allem leidet er unter wachsenden Schuldgefühlen, die sich auf eine ferne Frau namens Friederike beziehen. Als er wenig später vom Tod eines Kindes im Nachbarort Fouday erfährt, glaubt er, persönlich betroffen zu sein, und macht sich im Büßergewand auf zum Leichnam. In einem Anflug von Größenwahn versucht er, das tote Kind zum Leben zu erwecken, und rennt nach seinem Scheitern wie wahnsinnig ins Gebirge, wo er Gott verflucht und schließlich vom Atheismus erfasst wird. Danach fühlt er nur noch Leere und Sinnlosigkeit in sich.

Auch als Oberlin wenig später von seiner Reise zurückkehrt, bessert sich Lenz' Zustand nicht. Er fühlt sich in Waldbach nicht mehr willkommen, weil ihn nun auch der Pfarrer auffordert, dem Wunsch seines Vaters zu folgen und heimzukehren. Das Steintal hat nun seine heilsame Wirkung verloren. In den nächsten Tagen verschlechtert sich Lenz' psychische Verfassung zusehends: Er leidet unter Angst und Einsamkeit, kann nicht schlafen, spürt die eigenen Ich-Grenzen nicht mehr, wird von Zwangsgedanken und -handlungen beherrscht. Nachdem er sich wiederholt selbst Verletzungen zugefügt hat, erkennt Oberlin schließlich seine Ohnmacht und lässt Lenz aus dem Steintal nach Straßburg abtransportieren.

Die Personenkonstellation

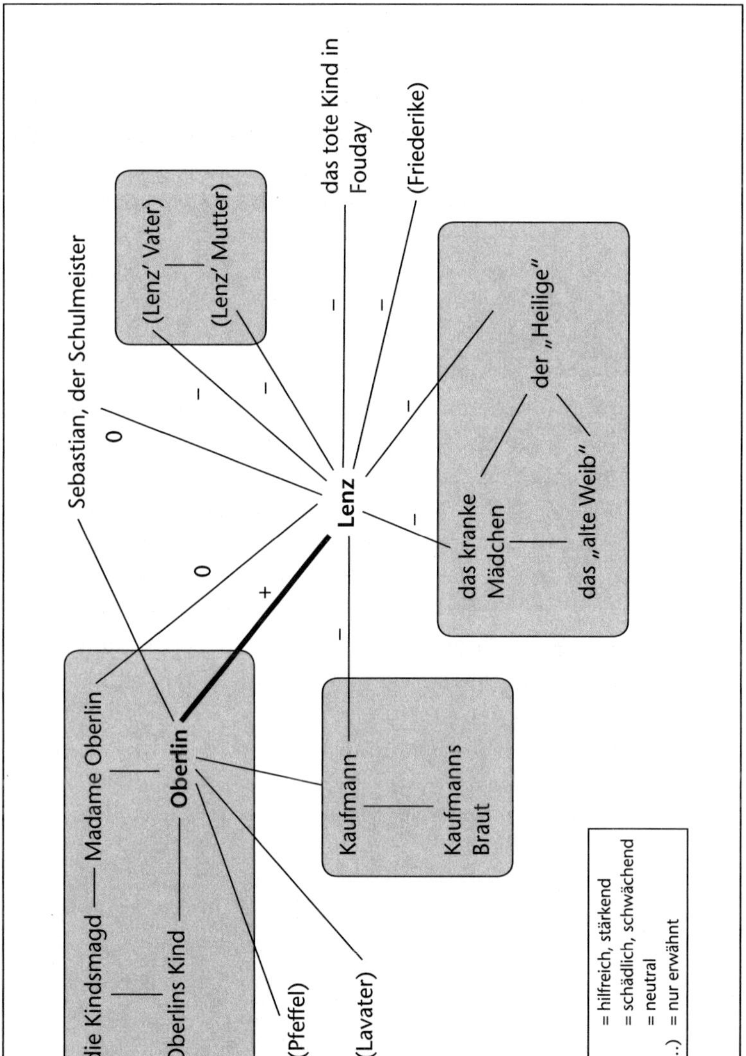

Inhalt, Aufbau und erste Deutungsansätze

Vorbemerkung

Ein unvollendetes Fragment

Georg Büchner hat seine Erzählung „Lenz" nicht vollendet, sie ist Fragment geblieben. Da auch keine Arbeitsnotizen oder ähnliche Autorenhinweise zu diesem Werk überliefert sind, kann über den Entwicklungsstand des vorliegenden, postum veröffentlichten Textes nur spekuliert werden. Auch in der Literaturwissenschaft gibt es hierzu unterschiedliche Meinungen. So gehen manche Forscher davon aus, dass das Fragment weitgehend abgeschlossen ist und Büchner nur noch wenige Änderungen vorgenommen hätte. Andere vertreten hingegen die Auffassung, dass sich die Erzählung noch in einem anfänglichen Zustand befinde.[1]

Text als autonomes Werk

Die folgende Interpretation fasst den zu analysierenden Text als autonomes, für sich selbst stehendes Kunstwerk auf. Die Intention Büchners und insbesondere die Frage, in welchem Stadium er das Manuskript zur Seite gelegt hat, werden somit bewusst ausgeklammert. Daher ist es auch legitim, dem Text, so unvollendet und fragmentarisch er auch sein mag, eine Gesamtstruktur zugrunde zu legen, an der sich die Deutung orientieren wird. Diese Strukturierung versteht sich als Vorschlag, dem man andere mögliche Einteilungen gleichberechtigt gegenüberstellen könnte.

Einteilung in fünf Teile und vier Zäsuren

Büchners Erzählung lässt sich hinsichtlich ihres Handlungs- und Spannungsverlaufs in drei Teile (1. Einleitung, 2. Hauptteil im Steintal und 3. Schluss) strukturieren, wobei der Hauptteil wiederum in drei weitere Abschnitte (2.1 Lenz

---

[1] Siehe zur Entstehungs- und Editionsgeschichte der „Lenz"-Erzählung S. 62–65.

und Oberlin, 2.2 Lenz und Madame Oberlin sowie 2.3 Die letzten Tage bei Oberlin) unterteilt werden kann. Der gesamte Text besteht also aus fünf größeren Sinneinheiten. Diese fünf Teile sind jeweils durch eine Zäsur voneinander getrennt, in der von einem Aufenthalt der Titelfigur auf einer Gebirgshöhe (bzw. von einer Zwischenzeit außerhalb des Steintals) erzählt wird.

Aufbau von Büchners Erzählung „Lenz"

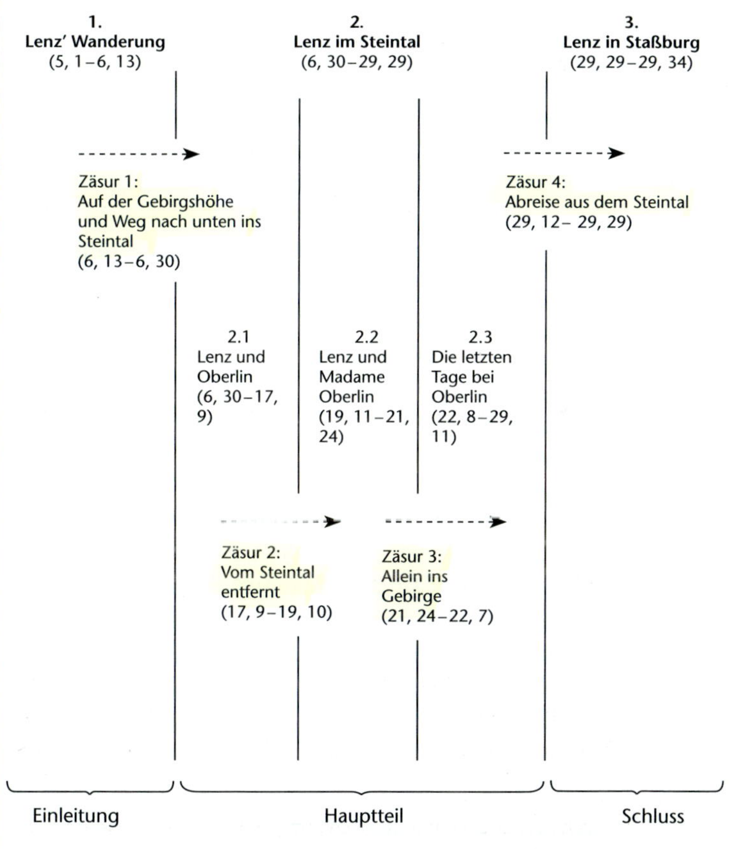

1. Lenz' Wanderung (5, 1–6, 13)[1]

Die Erzählung beginnt mit einem auffällig kurzen, lapidar anmutenden Satz: „Den 20. ging Lenz durchs Gebirg." (5, 1) In seiner spröden Knappheit ist dieser Einstieg inhaltlich nur zu verstehen, wenn man den literaturgeschichtlichen Hintergrund kennt und weiß, dass Büchners Text von einer wahren Begebenheit handelt. Im Zentrum steht der an Schizophrenie erkrankte Sturm-und-Drang-Dichter[2] Jakob Michael Reinhold Lenz (1751–1792), der am 20. Januar 1778 durch die Vogesen, ein Mittelgebirge in Ostfrankreich, wanderte, um Unterschlupf beim evangelischen Pfarrer Johann Friedrich Oberlin (1740–1826) im Steintal zu finden.[3] Als Textgrundlage für seine Erzählung diente Büchner ein Bericht über diesen 20-tägigen Aufenthalt, den Oberlin kurz nach Lenz' Abreise verfasste.[4]

Der reale Hintergrund der Erzählung

Literarische Darstellung einer psychischen Erkrankung

Bereits die Schilderung der einleitenden Gebirgswanderung offenbart den literarischen Wert der Erzählung. In wohl keinem anderen Prosatext zuvor wurde der Wahnsinn einer Figur derart prägnant und beklemmend dargestellt wie hier. Schon nach wenigen Sätzen wird deutlich, dass Lenz unter einer psychischen Störung leidet, die ihn seine Umwelt nicht mehr angemessen wahrnehmen und einschätzen lässt: „[E]r hätte die Erde hinter den Ofen setzen mögen, er begriff nicht, dass er so viel Zeit brauchte, um einen Abhang hinunterzuklimmen, einen fernen Punkt zu erreichen; er meinte, er müsste alles mit ein paar Schritten ausmessen können." (5, 16–5, 19) Die Grenzen zwischen Selbst und Welt, zwischen Wunsch und Wirklichkeit drohen sich aufzulösen. Lenz ist eine klare Unterscheidung zwi-

[1] Sämtliche Stellenangaben beziehen sich auf die im Literaturverzeichnis aufgeführte Textausgabe des Schöningh Verlags.

[2] Vgl. zur literarischen Strömung des Sturm und Drang die Fußnote auf S. 48.

[3] Vgl. zu den realen Kontexten S. 46–52.

[4] Ein Vergleich zwischen Erzählung und Bericht findet sich auf S. 65–70.

„Auf dem Kopf gehn“
(Illustration von Alfred Hrdlicka)

schen innen und außen nicht mehr möglich. Alltägliche Vorgänge verlieren ihre Selbstverständlichkeit, irrationale, absurd erscheinende Fantasien gewinnen die Oberhand: „Müdigkeit spürte er keine, nur war es ihm manchmal unangenehm, dass er nicht auf dem Kopf gehn konnte.“ (5, 9–5, 11)

Wie bereits anhand der obigen Zitate erkennbar, handelt es sich bei Büchners Text um eine Er-Erzählung, deren Erzähler außerhalb der erzählten Welt steht. Während der gesamten Handlung tritt er nie wertend oder kommentierend in Erscheinung, sondern behält stets eine neutrale Erzählhaltung. Meist zeigt er ein personales Erzählverhalten und berichtet aus der Perspektive seiner Hauptfigur, wobei er hier auch Einblick in deren Gedanken, Gefühle und Wahrnehmungen hat, also über eine Innensicht verfügt.

Der Erzähler

Die beunruhigende Wirkung des Erzählanfangs wird vor allem durch die Beschreibungen der Natur erzielt. Sie spiegelt bei Büchner den inneren Zustand des Protagonisten wider. Während Lenz gegen den einbrechenden Wahnsinn ankämpft, wirkt auch seine Umgebung – das Gebirge, die Pflanzen, das Wetter, Schatten und Licht – wie von einem unheimlichen Leben erfüllt, voller Gefahren und Rätsel. „Anfangs drängte es ihm in der Brust, wenn das Gestein so wegsprang, der graue Wald sich unter ihm schüttelte, und der Nebel die Formen bald verschlang, bald die gewaltigen

Naturbeschreibungen spiegeln Lenz’ Innenwelt wider

Glieder halb enthüllte" (5, 11–5, 14). Die Natur erscheint als dunkle, geradezu dämonische Macht, die Lenz' Inneres zu überfluten droht. Ihre Beschreibung dient Büchner nicht der harmlosen literarischen Unterhaltung, sondern dazu, die Auswirkungen einer seelischen Erkrankung erahnbar zu machen.

Eingesetzte sprachliche Mittel

Unterstützt wird der Eindruck des Gehetzt- und Gedrängtseins auch durch den Einsatz sprachlicher Mittel, die suggestiv zusammenwirken. So unterstreichen affektive Adverbien die gefühlsmäßige Färbung der Beschreibungen („Es war ihm alles *so* klein, *so* nahe, *so* nass", 5, 15–5, 16), während Richtungsangaben die Vorgänge vom Standpunkt der Titelfigur erfassen („und dann dampfte der Nebel herauf", 5, 6–5, 7). Elliptische, unvollständige Sätze geben Lenz' Wahrnehmungen hastig, wie atemlos wieder und vermitteln so das Unstetige und Chaotische ihres Erlebens („Die Gipfel und hohen Bergflächen im Schnee, die Täler hinunter graues Gestein, grüne Flächen, Felsen und Tannen.", 5, 1–5, 3).

Zäsur 1: Auf der Gebirgshöhe und der Weg nach unten ins Steintal (6, 13–6, 30)

Aufenthalt auf einem Berg als Übergang zu einem anderen Handlungsabschnitt

Erst am Abend gelangt Lenz auf die Gebirgshöhe, von der man ins Steintal hinabsteigen kann. Solche Textpassagen, die von einem Aufenthalt der Titelfigur auf einem Berg berichten, finden sich in der gesamten Erzählung an zentralen Wendepunkten. In struktureller Hinsicht dienen sie als Zäsur des Handlungsverlaufs und als Zwischenglied zwischen zwei Erzählabschnitten, in diesem ersten Beispiel als Übergang zwischen der Einleitung (Wanderung durch die Vogesen) und dem Hauptteil (Zeit im Steintal).

Stimmungswandel: innere Ruhe, dann Einsamkeit und Angst angesichts der unendlichen Natur

Inhaltlich sind alle Zäsuren von einem Stimmungswandel des Protagonisten geprägt. So findet Lenz in der ersten Bergszene einen Moment lang Ruhe und setzt sich in das hoch gelegene Schneefeld, nachdem er zuvor rastlos durch die unheimliche Natur gehetzt ist. Wieder dient die Landschaft als Spiegel seines inneren Zustands: „Es war gegen Abend ruhiger geworden; das Gewölk lag fest und unbeweglich am Himmel, so weit der Blick reichte, nichts als Gipfel, von denen sich breite Flächen hinabzogen, und alles so still, grau, dämmernd" (6, 16–6, 19). Bald erfasst ihn inmitten der stillen, unendlich scheinenden Landschaft eine große Einsamkeit, kurz darauf eine „namenlose Angst in diesem Nichts" (6, 23). Lenz fühlt sich in eine ungeheure Leere geworfen und sucht vergeblich nach Orientierung und Halt. Während er voller Panik nach unten ins Tal stürzt, ist nun wie als böses Omen das erste Mal ausdrücklich die Rede von seiner Geisteskrankheit, hier dargestellt in einem bildhaften Vergleich, der in einer unheimlichen Personifikation mündet: „Es war als ginge ihm was nach, und als müsse ihn was Entsetzliches erreichen, etwas das Menschen nicht ertragen können, als jage der Wahnsinn auf Rossen hinter ihm." (6, 25–6, 28)

Vom Wahnsinn gejagt

2. Lenz im Steintal (6, 30–29, 29)

2.1 Lenz und Oberlin (6, 30–17, 9)

Ankunft in Oberlins Haus, erste Nacht im Steintal (6, 30–8, 12)

Gefühl der Geborgenheit und Heimatempfinden

Nachdem er Waldbach, einen kleinen Ort im Steintal, erreicht hat, wird es Lenz wieder leichter. Er wird von Oberlin und dessen Familie herzlich empfangen und fühlt sich zunächst geborgen. Die neue Umgebung wirkt wie ein beruhigender Gegenpol zum kargen Schneefeld, auf dem Lenz kurz zuvor noch unter großer Einsamkeit gelitten hat: „das heimliche Zimmer und die stillen Gesichter, die aus dem Schatten hervortraten, das helle Kindergesicht, auf dem alles Licht zu ruhen schien und das neugierig, vertraulich aufschaute, bis zur Mutter, die hinten im Schatten engelgleich stille saß" (7, 10–7, 14). Während Lenz anfängt, von seiner Heimat zu erzählen, scheint er die Gegenwart zu vergessen und sich in die eigene unbeschwerte Kindheit zurückzuversetzen – verdeutlicht durch „sein blasses Kindergesicht, das jetzt lächelte" (7, 16–7, 17). Die Gastfreundschaft, die ihm Oberlins Familie entgegenbringt, erinnert ihn an frühere Zeiten. „[E]s war ihm als träten alte Gestalten, vergessene Gesichter wieder aus dem Dunkeln, alte Lieder wachten auf, er war weg, weit weg." (7, 18–7, 20) Alles deutet darauf hin, dass der Aufenthalt im Steintal eine heilsame Wirkung auf ihn haben würde.

Doch wie labil sein Zustand ist, zeigt sich kurz darauf, als er zum Schlafen ins nahe gelegene Schulhaus gehen muss. Allein in der großen, kalten Stube, nicht mehr in Gesellschaft der anderen, kehrt seine Einsamkeit zurück, „es wurde ihm leer, wieder wie auf dem Berg" (7, 27–7, 28). Angesichts der Dunkelheit überkommt ihn erneut „eine unnennbare Angst" (7, 29–7, 30), die ihn unruhig werden lässt. Er hastet durchs Zimmer, die Treppe hinunter nach draußen. Seine Identität scheint sich aufzulösen, „er konnte sich nicht mehr finden" (8, 2). In seinem unruhigen Bewusstsein taucht nun ein neuer Impuls auf – „es war ihm als müsse er immer ‚Vater unser' sagen" (8, 1–8, 2) –, ein erster Hinweis auf die zentrale Bedeutung, die der religiöse Glaube für ihn und seine seelische Verfassung hat: Findet Lenz zunächst noch Kraft und Zuversicht im Gebet, so wird er später vom „Atheismus" (22, 2) erfasst und zweifelt schließlich grundsätzlich an der Macht und Güte Gottes angesichts seines eigenen Leids (vgl. 28, 6–28, 8).

Bedeutung der Religion

Zur Ruhe gelangt er erst wieder, als er sich selbst Schmerzen zufügt. Er tritt gegen die Steine, kratzt sich mit den Fingernägeln und stürzt sich schließlich ins kalte Wasser des Brunnens. Durch diese starken Sinnesempfindungen spürt er seinen Körper, nimmt die Realität wieder wahr und gewinnt dadurch das Gefühl für das eigene Ich zurück.

Zufügung von Schmerzen, um das eigene Ich zu fühlen

Besserung (8, 13–10, 26)

Am nächsten Tag, an dem er Oberlin bei der Gemeindearbeit begleitet, geht es ihm wieder besser. Die Natur, erneut Spiegel seines inneren Zustands, ist nun ganz anders beschrieben als in den Textpassagen zuvor. Hat sie während Lenz' Wanderung belebt und hektisch gewirkt, auf der Gebirgshöhe fremd und abweisend, so erscheint sie nun ruhig und erhaben, wie von einem geheimnisvollen Zauber durchdrungen. Dieser Eindruck wird sprachlich vor allem durch aneinandergereihte, ähnlich klingende Adjektive und mehrere Vergleiche, aber auch durch die Wiederholung der gleichen Vokale erzielt: Lenz erblickt ferne Berggipfel, die „gewaltig, ernsthaft oder schweigend still, wie ein dämmernder Traum standen" (8, 20–8, 21). Er sieht „Lichtmassen, die manchmal aus den Tälern, wie ein goldner Strom schwollen" (8, 21–8, 23), und „Gewölk", das „in den Sonnenblitzen sich wie ein fliegendes silbernes Gespinst herabsenkte und hob" (8, 24–8, 26). Die ganze Umgebung strahlt majestätische Feierlichkeit aus, von der of-

Natur als Spiegel der inneren Verfassung von Lenz

Ehrfurchtsvolle Menschen in majestätischer Natur

fenbar auch die Einwohner, „schweigend und ernst, als wagten sie die Ruhe ihres Tales nicht zu stören“ (8, 29–8, 30), ergriffen sind. Natur und Mensch bilden hier eine Einheit, alles scheint wohlgeordnet, an seinem rechten Platz zu sein.

Oberlin als Seelsorger und Mann der Tat

In diesem harmonischen Zusammenleben nimmt Oberlin eine zentrale Rolle ein: „[E]r wies zurecht, gab Rat, tröstete; überall zutrauensvolle Blicke, Gebet.“ (8, 32–8, 33) Als Seelsorger hat er stets ein offenes Ohr für die Nöte seiner Mitmenschen und steht ihnen auch in existenziell schweren Stunden mit dem Wort Gottes zur Seite. Doch neben diesem geistlichen, spirituellen Halt bietet er auch ganz praktische, aufs irdische Dasein gerichtete Hilfe: „Dann rasch ins praktische Leben, Wege angelegt, Kanäle gegraben, die Schule besucht.“ (8, 34–8, 35) Bereits diese knappe, stichwortartige Aufzählung von Oberlins Tätigkeiten gibt eine Ahnung von der kaum zu überschätzenden Bedeutung, die der Pfarrer und Sozialreformer im Steintal und darüber hinaus hatte. Den Idealen der Aufklärung, also dem Glauben an die menschliche Vernunft, verpflichtet, sorgte er für eine stetige Verbesserung der damaligen Lebensverhältnisse. Er führte moderne Methoden in Landwirtschaft und Obstbau ein, legte zusammen mit den Bauern Brücken und Straßen an, eröffnete Industriebetriebe und setzte sich für die Gründung von Schulen ein. Getreu dem Motto der Epoche bestärkte er seine Gemeindemitglieder darin, sich nicht allein auf Gottes Beistand zu verlassen, sondern den Mut zu haben, sich des eigenen Verstandes zu bedienen und das Leben selbstbewusst in die Hand zu nehmen.[1]

Oberlins beruhigende Wirkung auf Lenz

Lenz fühlt sich in Gegenwart dieses tatkräftigen und charismatischen Mannes aufgehoben und sicher. Der Pfarrer erscheint ihm als gütige Vaterfigur, als Ruhepol, in dem sich

---

[1] Siehe zu Johann Friedrich Oberlins Leben und Wirken S. 49 ff.

der Frieden des Ortes widerspiegelt: „Es wirkte alles wohltätig und beruhigend auf ihn, er musste Oberlin oft in die Augen sehen, und die mächtige Ruhe, die uns über der ruhenden Natur [...] überfällt, schien ihm noch näher, in diesem ruhigen Auge, diesem ehrwürdigen ernsten Gesicht." (8, 37–9, 5) So erlebt Lenz in den ersten Tagen im Steintal eine Phase der Besserung, die nur an den Abenden, „wie die Gegenstände nach und nach schattiger wurden" (9, 10–9, 11), Rückschläge erfährt. Wenn die Dunkelheit einbricht und Lenz von Angst- und Panikattacken heimgesucht wird, werden die Grenzen von Oberlins Möglichkeiten deutlich. Gegen den „Alb des Wahnsinns" (9, 13–9, 14), so zeichnet sich schon hier ab, sind letztlich auch der Pfarrer und mit ihm alle aufklärerischen Ideale machtlos.

Angst- und Panikattacken bei Einbruch der Dunkelheit

Vorerst aber hat Lenz einen Ort gefunden, der ihm neue Hoffnung gibt. Je vertrauter er mit den Menschen im Steintal wird, „je mehr er sich in das Leben hineinlebte" (9, 26–9, 27), desto ruhiger wird er. Angeregt durch Oberlins Berichte, macht er bald eigene spirituelle Erfahrungen in der Natur. Hat er sich als ehemaliger Theologiestudent sicherlich schon oft zuvor mit religiösen Fragen und Spekulationen beschäftigt, so meint er, Gottes schützenden Einfluss nun direkt zu spüren. Die im Tal gelebte Religiosität, „dieser Glaube, dieser ewige Himmel im Leben, dies Sein in Gott" (10, 1–10, 2), beeindruckt ihn stark. Lenz zeigt sich in dieser Phase als sensibler und schwärmerischer Mensch, der sich das kindliche Staunen über die Welt bewahrt hat. Umgeben von einer gewaltigen Landschaft, eingebettet in die Gesellschaft einfacher und gläubiger Menschen, findet er zu einem naiven Gottvertrauen zurück. Ein Glücksempfinden, „ein heimliches Weihnachtsgefühl" (10, 18) aus längst vergangenen Zeiten steigt in ihm auf, „er meinte manchmal seine Mutter müsse hinter einem Baume hervortreten, groß, und ihm sagen, sie hätte ihm dies alles beschert" (10, 18–10, 20).

Neue Hoffnung

Wachsendes Gottvertrauen

Lenz' Predigt und seine darauf folgende Verzweiflung (10, 26–12, 4)

Lenz' bald geäußerter Wunsch, einmal in der Kirche zu predigen, scheint zunächst für seine allmähliche Genesung zu sprechen. Offenbar fühlt er sich im Steintal inzwischen so heimisch, dass er sich auch diese Aufgabe zutraut. Er macht sich „vergnügt" (10, 26) an die Ausarbeitung seiner Predigt und steht schon am nächsten Sonntag auf der Kanzel. Während er zur anwesenden Gemeinde spricht, erlebt er einen persönlichen Triumph. Einen Moment ist er nicht mehr der Schwache, der auf die Gnade anderer angewiesen ist, sondern gibt selbst Hilfe und Rat: „[E]s war ihm ein Trost, wenn er über einige müdgeweinte Augen Schlaf, und gequälten Herzen Ruhe bringen, wenn er über dieses von materiellen Bedürfnissen gequälte Sein, diese dumpfen Leiden gen Himmel leiten konnte." (11, 13–11, 17) Ergriffen von seinen eigenen Worten, genießt er ein „süßes Gefühl unendlichen Wohls" (11, 12). Er scheint neues Selbstvertrauen, eine gesunde Ich-Stärke gewonnen zu haben.

Die Predigt als persönlicher Triumph

Andererseits spiegelt sich in der Szene aber auch das konfliktreiche Verhältnis zwischen Lenz und Oberlin wider. Wie vor allem die Psychoanalyse, also die Wissenschaft von den unbewussten Vorgängen in der menschlichen Seele, aufgezeigt hat, ist jede Vater-Sohn-Konstellation auch von Konkurrenz geprägt. Ist Lenz' richtiger Vater auch in weiter Ferne, zeigt sich dieser Konflikt doch in seiner Beziehung zu Oberlin. Mit der Predigt, so ließe sich aus dieser Perspektive sagen, versucht Lenz, sich aus der Abhängigkeit des Pfarrers zu befreien, gleichsam auf eigenen Füßen zu stehen. Mehr noch: Bei genauerem Blick sind in der Kirchenszene erste Größenfantasien zu entdecken, die sich in seinem späteren Verhalten noch deutlicher zeigen werden. Denn nicht nur aus psychoanalytischer Sicht liegt die Vermutung nahe, dass sein empfundenes Glücksgefühl auch

Vater-Sohn-Konflikt

Größenfantasien

dadurch entsteht, dass er während der Predigt Oberlins Platz einnimmt. Oben auf der Kanzel, die Gläubigen zu seinen Füßen, schlüpft er symbolisch in die Rolle des bewunderten Pfarrers. War er in den Tagen zuvor gewissermaßen der kleine, schutzbedürftige Sohn, so drängt er nun an die Stelle des mächtigen Vaters und macht ihm dessen Position streitig.

Höhe- und Wendepunkt der Beziehung zwischen Lenz und Oberlin

Damit stellt die Predigt den Höhe- und Wendepunkt der Beziehung zwischen den beiden Männern dar. In dem Augenblick, wenn Lenz seinen Triumph in der Kirche auskostet, findet die Annäherung an Oberlin ihren Abschluss. Auf den Höhenflug folgt der Absturz. Noch während die Gemeinde nach der Predigt ein Kirchenlied anstimmt, kehren Angst und Panik zurück: „Das Drängen in ihm, die Musik, der Schmerz, erschütterte ihn." (11, 23) Dieser Gefühlsumschwung lässt sich dadurch erklären, dass sich Lenz für seine Hybris, seine Anmaßung gegenüber Oberlin, unbewusst selbst bestraft. Hat er kurz zuvor noch eine Welle des Glücks erlebt, so erscheint ihm die Welt nun bedrohlich und finster. „Das All war für ihn in Wunden; er fühlte tiefen unnennbaren Schmerz davon." (11, 24–11, 25) Zurückgekehrt in sein Zimmer, übermannt ihn große Einsamkeit: „Er war allein, allein!" (11, 27) Auch Oberlin, die schützende Vaterfigur, ist in diesem Moment in weite Ferne gerückt.

Gespräche mit Oberlin über rätselhafte Phänomene (12, 5–13, 11)

Scheinbare erneute Annäherung an Oberlin

Am nächsten Morgen entwickelt sich zwischen Lenz und Oberlin ein Gespräch über Vorahnungen, Wünschelrutengehen und Geistererscheinungen – übersinnliche Phänomene, an welche die Menschen zur damaligen Zeit noch stärker glaubten als heute. Die beiden haben nun ein gemeinsames Thema gefunden, für eine Weile scheinen sie „auf der gleichen Wellenlänge" zu sein. Ermutigt durch die Schilderungen seines Gegenübers, verliert Lenz seine

Schüchternheit und wird immer redseliger. Das von Oberlin eingebrachte Stichwort des „Somnambulismus" (12, 19–12, 20), also des Schlafwandelns, aufgreifend, spricht er bald über die geheime Verbindung der menschlichen Seele zu den einzelnen Formen und Elementen in der Natur und führt danach aus, „wie in allem eine unaussprechliche Harmonie, ein Ton, eine Seligkeit sei" (12, 32–12, 33).

Weitschweifigkeit und Abgehobenheit Lenz'

Auch wenn sein Vortrag nicht in direkter Rede wiedergegeben, sondern nur knapp zusammengefasst ist, gewinnt man bei der Lektüre einen Eindruck von seiner Weitschweifigkeit und Abgehobenheit. Es hat den Anschein, als würde sich Lenz immer tiefer in seinen eigenen Gedanken verlieren, bis Oberlin das Gespräch, womöglich entnervt oder sogar etwas verängstigt, beendet: Er „brach es ab, es führte ihn zu weit von seiner einfachen Art ab" (13, 5–13, 6).

Unterschiedlicher Umgang mit rätselhaften Phänomenen

An dieser Stelle zeigt sich ein großer Unterschied zwischen den beiden Männern: Oberlin beschäftigt sich mit esoterischen Themen nur bis zu einem bestimmten Grad, gewissermaßen nur zur seelischen Erbauung, und gleicht damit den einfachen Leuten im Steintal mit ihrem bodenständigen Glauben. Lenz hingegen nimmt diese rätselhaften Phänomene zum Anlass, über sich und die Welt nachzugrübeln, immer tiefer in die Geheimnisse seiner Existenz vorzudringen: „Lenz fasste das auf, er spann die Sache weiter, kam in ängstliche Träume, und fing an [...] die Apokalypse zu lesen" (13, 9–13, 11), heißt es einmal, nachdem Oberlin ihm seine harmlos anmutenden Überlegungen zu Farbentäfelchen und deren Zuordnung auf die zwölf Apostel vorgestellt hatte. Was für den Pfarrer wohl kaum mehr ist als eine nette Freizeitgestaltung, wird für Lenz zum Wahngebäude von schier apokalyptischem Ausmaß.

Wachsende Distanz zwischen Lenz und Oberlin

Schienen die Gespräche zunächst ein Zeichen der Verbundenheit zu sein, markieren sie in Wirklichkeit die wachsende Distanz zwischen Lenz und Oberlin. Je näher sie einander kennenlernen, desto fremder werden sie sich. Erneut wird die Ratlosigkeit und Ohnmacht greifbar, mit der Oberlin seinem Schützling letztlich gegenübersteht.

Das Kunstgespräch (13, 12–16, 27)

In dieser Zeit kommt ein Bekannter von Lenz namens Kaufmann mit seiner Braut für einen kurzen Besuch ins Steintal. Lenz ist über das Wiedersehen keineswegs erfreut, wird er doch dadurch an seine Vergangenheit erinnert, der er entfliehen wollte. Im Gegensatz zu Oberlin, der ihn aus christlicher Nächstenliebe bei sich aufgenommen hat, ohne das Geringste über ihn zu wissen, repräsentiert Kaufmann, „der seine Verhältnisse kannte" (13, 16–13, 17), die Welt des Vaters und dessen strenge Erwartungen. Lenz scheint zu fürchten, dass der Friede, den er im Steintal gefunden hat, mit dem unerwarteten Besuch zerstört werden könnte.

Unangenehme Erinnerungen durch Kaufmanns Besuch

Als man später gemeinsam am Tisch sitzt, hat sich seine Stimmung, wohl auch wegen des Themas der Unterhaltung, gebessert: „[M]an sprach von Literatur, er war auf seinem Gebiete" (13, 23). Zwischen ihm und Kaufmann entsteht eine Diskussion, die von Büchner-Interpreten meist als „das Kunstgespräch" bezeichnet wird. Dieses Gespräch nimmt in mehrfacher Hinsicht eine besondere Stellung in der Erzählung ein. Ungefähr in der Mitte platziert und die eigentliche Handlung unterbrechend, wirkt es zunächst etwas fremdartig, wie ein eigenständiger Block im Gesamttext. Bemerkenswert ist auch, dass der Dichter Lenz nur in diesem Abschnitt, der sich über zwei Textseiten erstreckt, über Literatur spricht und dabei eine Redegewandtheit und Selbstsicherheit zeigt wie an keiner anderen Stelle. Darüber hinaus sind nur hier längere Passagen seiner Äußerungen in direkter Rede wiedergegeben.

Die Besonderheiten des Kunstgesprächs innerhalb der Erzählung

Ausgangspunkt der Diskussion ist die zu jener Zeit angeblich aufkommende „idealistische Periode" (13, 24), die im

Gespräch von Kaufmann vertreten wird. Sie fordert von der Literatur, die Wirklichkeit nicht einfach abzubilden, sondern idealisiert darzustellen, also zu „verklären“ (13, 28). Der Dichter solle die zugrunde liegende Idee, das Wesen der Dinge, herausarbeiten und veranschaulichen. Lenz stellt sich vehement gegen diese Kunstauffassung. Er hält die Absicht, die von Gott geschaffene Welt perfekter und schöner darstellen, „was Besseres klecksen“ (13, 30) zu wollen, für anmaßend und arrogant. Für die Werke dieser Richtung hat er nur Spott übrig: „Da wollte man idealistische Gestalten, aber alles, was ich davon gesehen, sind Holzpuppen.“ (14, 7–14, 8) Die einzig legitime Aufgabe des Dichters könne es sein, die Wirklichkeit so nachzubilden, dass das ihr innewohnende Leben spürbar werde. Dieses Kriterium sieht Lenz jedoch nur selten erfüllt: so etwa bei Shakespeare (1564–1616), in den Volksliedern und in manchen Werken von Goethe (1749–1832). „Alles Übrige kann man ins Feuer werfen.“ (14, 5–14, 6)

Unterschiedliche Auffassungen über die Aufgabe der Literatur

An dieser Stelle zeigt sich, wie wichtig bei der Interpretation eines literarischen Werkes die Unterscheidung zwischen Realität und Fiktion ist. Denn Büchner erlaubt sich mit und in dem Kunstgespräch einige historische Ungenauigkeiten. So war Christoph Kaufmann (1753–1795) in Wirklichkeit keineswegs ein Anhänger der „idealistischen Periode“, sondern eine zentrale Figur innerhalb der Sturm-und-Drang-Bewegung, die ihm sogar ihren Namen verdankt.[1] Die Poetologie[2], die Büchner in seiner Erzählung mit Kaufmann in Verbindung setzt, spiegelt vielmehr die vom Deutschen Idealismus geprägte Kunstauffassung der Weimarer Klassik,

Büchners historische Ungenauigkeiten

---

[1] Die Bezeichnung „Sturm und Drang“ geht auf Friedrich Maximilian Klingers 1777 veröffentlichtes Drama zurück, das zunächst den Titel „Wirr-warr“ tragen sollte, dann aber auf Drängen Kaufmanns in „Sturm und Drang“ umbenannt wurde. (Zum Sturm und Drang vgl. auch die Fußnote auf S. 48.)

[2] Lehre, Theorie der Dichtkunst

namentlich jene des späten Schillers (1759–1805), wider. Die „idealistische Periode" entstand somit erst rund zehn Jahre nach Lenz' Aufenthalt im Steintal. Ein Kunstgespräch, wie es Büchner beschreibt, kann damals in Oberlins Stube nicht stattgefunden haben.

Gerade weil sich Büchner in seiner Erzählung sonst an die historischen Fakten gehalten hat, stellt sich die Frage, weshalb er sich hier für diese Abweichung von den realen Hintergründen entschied. Einer der Gründe war sicherlich die empfundene Geistesverwandtschaft zu Lenz. Neben etlichen charakterlichen Gemeinsamkeiten und biografischen Parallelen ähneln sich die beiden Schriftsteller insbesondere auch in ihrer Auffassung über Funktion und Bedeutung der Literatur. Es ist offensichtlich, dass Büchner den von Lenz im Kunstgespräch kritisierten „Idealismus" selbst als „die schmählichste Verachtung der menschlichen Natur" (14, 8–14, 9) ansah, dass Autor und Titelfigur hier also die gleiche ablehnende Haltung einnehmen. Die Aufgabe der Dichtkunst sehen beide keineswegs in der Schaffung idealistischer Gestalten, sondern in einer möglichst realistischen Darstellung einfacher Menschen: „Man versuche es einmal", fordert Büchners Lenz, „und senke sich in das Leben des Geringsten und gebe es wieder" (14, 10–14, 11). Das, was der Sturm-und-Drang-Dichter in seinen Dramen „Der Hofmeister" und „Die Soldaten" gegen allen literarischen Konsens seiner Zeit getan hat, nämlich das Schicksal armer, am Rand der Gesellschaft stehender Individuen zu beschreiben, wiederholte Büchner nur wenige Jahrzehnte später in seinen eigenen Werken, insbesondere im Drama „Woyzeck" und in der „Lenz"-Erzählung. Etliche seiner Figuren gehören zu den „prosaischsten Menschen unter der Sonne" (14, 13–14, 14) und verdienen gerade deshalb Beachtung und Achtung.

Geistesverwandtschaft zwischen Lenz und Büchner

Erst vor diesem literaturgeschichtlichen Hintergrund wird die eigentliche Funktion des Kunstgesprächs deutlich. Es

Das Kunstgespräch als Spiegel von Büchners Poetologie

dient gleichsam als Spiegel für Büchners Poetologie. Indem die Ausführungen seiner Titelfigur seine eigene Literaturauffassung wiedergeben, verschmelzen Handlungs- und poetologische Metaebene in ästhetisch höchst anspruchsvoller Weise miteinander. Das Kunstgespräch ist somit keineswegs ein Fremdkörper in der Erzählung, sondern erweist sich im Gegenteil als deren programmatisches Herzstück.

Getreu dieser Programmatik betont die Titelfigur Lenz, dass die eigentliche Schönheit nicht durch die Kunst erschaffen werde, sondern in der äußeren Realität – in Natur und Gesellschaft – zu finden sei: „Man muss nur Aug und Ohr dafür haben." (14, 16) So erinnert er sich an zwei Mädchen, die er am Tag zuvor auf einem Spaziergang im Tal gesehen hat, während sie zunächst anmutig auf einem Felsen saßen und ihre Haare richteten und wenig später wieder hinabstiegen. Obwohl diese Beobachtungen scheinbar alltäglich sind, ist sich Lenz ihrer Bedeutung wohl bewusst. Gerade im Wechsel, im Übergang von der einen zur anderen Szene erkennt er den darin enthaltenen

Die unendliche Schönheit der Welt

Zauber: „Nur eins bleibt, eine unendliche Schönheit, die aus einer Form in die andre tritt, ewig aufgeblättert, verändert" (14, 27–14, 29). Diese verborgene Schönheit der Welt lasse sich durch Literatur und Kunst kaum nachahmen, vor allem „nicht immer festhalten und in Museen stellen und auf Noten ziehen" (14, 29–14, 30). Dem idealistischen Dichter jedenfalls spricht Lenz jede Möglichkeit ab, auch nur eine Ahnung von dieser Schönheit zu vermitteln.

Ging es bislang insbesondere um die Bedeutung und Aufgabe der Literatur, so wendet sich das Gespräch schließlich

Bildende Kunst

der bildenden Kunst zu. Nachdem Kaufmann an zwei berühmte, ideale Formen darstellende Kunstwerke, nämlich die antike Statue „Apoll von Belvedere" (15, 8–15, 9) und die Sixtinische „Madonna" (15, 9) des Renaissance-Malers

Raffael (1483–1520), erinnert hat, betont Lenz, dass er auch auf diesem Gebiet realistische Werke bevorzuge. Als Beispiele nennt er zwei Arbeiten niederländischer Künstler: zum einen „Christus und die Jünger von Emmaus" (15, 18–15, 19), zum anderen die Darstellung einer Frau, die ihre sonntägliche Andacht zu Hause am offenen Fenster verrichtet.[1] Nur diese zwei Werke hätten – gerade wegen ihrer realistischen Darstellung – sein Innerstes berührt, auf ihn „einen Eindruck gemacht [...] wie das Neue Testament" (15, 17–15, 18).

Carel van Savoy: Christus in Emmaus (um 1650)

Lenz' Sprachgebrauch

Lenz' Ausführungen vermitteln einen guten Eindruck von seinem Sprachgebrauch. Es fällt auf, dass er kaum Hypotaxen, dafür umso mehr Parataxen verwendet: allein stehende, meist kurze Hauptsätze oder aneinandergereihte gleichwertige Satzteile, aber nur wenige untergeordnete Nebensätze. Dadurch wirkt seine Rede nicht argumentierend, sondern eher behauptend, an manchen Stellen geradezu apodiktisch, also keinen Widerspruch duldend. Seine Leidenschaft fürs Thema ist offenbar so groß, dass ihm die Geduld und Ruhe für tiefergehende Begründungen fehlt. Um die Zuhörer von seinem Standpunkt zu überzeugen, gebraucht er anschauliche Bilder („Holzpuppen", 14, 8) und pointierte Zuspitzungen („Die Leute können auch keinen Hundsstall zeichnen.", 14, 6). Er verliert sich nicht in

[1] Auf welches Gemälde Büchner sich hier konkret bezieht, ist nicht bekannt.

trockener Theorie, sondern bringt sich selbst ein und erzählt eigene Erlebnisse (z.B. seine Beobachtung der zwei Mädchen auf dem Felsen, vgl. 14, 17–14, 26), um seine Auffassung von Kunst und Literatur begreifbar zu machen. So erreicht er seine Zuhörer nicht nur über den Kopf, sondern spricht sie auch und vor allem auf emotionaler Ebene an.

Lenz in seinem Element

Lenz findet im Kunstgespräch zu ungewohnter Selbstsicherheit. Er legt alle Schüchternheit ab und vertritt seinen Standpunkt mit großer Vehemenz und Eloquenz. Auf dem Gebiet der Literatur und Kunst, so ließe sich salopp formulieren, kann ihm keiner etwas vormachen, hier ist er in seinem Element. Ähnlich wie zuvor auf der Kanzel gelingt es ihm, seine Zuhörer für sich zu gewinnen, „man horchte auf, es traf vieles" (16, 6). Eine Weile lässt er Krankheit und Angst, seine gesamte sorgenvolle Existenz hinter sich: „Er hatte sich ganz vergessen." (16, 8) So hat es erneut den Anschein, als würde Lenz dadurch, dass er sich vor anderen zeigt, an Ich-Stärke gewinnen und damit einen weiteren Schritt in Richtung Gesundung machen.

Rückschlag

Doch wie nach seiner Predigt in der Kirche erlebt Lenz auch jetzt einen Rückschlag. Soeben noch stark und selbstsicher gefühlt, kann es für ihn nur demütigend sein, als ihn Kaufmann nach dem Essen Briefe des Vaters zeigt, in denen er zur Rückkehr nach Hause aufgefordert wird. Und auch Kaufmann selbst hält ihm vor, „wie er sein Leben verschleudre, unnütz verliere, er solle sich ein Ziel stecken und dergleichen mehr" (16, 11–16, 12). Lenz' Befürchtung, dass der unerwartete Besuch seine Genesung gefährden könnte, bewahrheitet sich. Kurz zuvor noch über Kunstfragen dozierend, wird er nun in die Rolle des Kindes gedrängt, das ermahnt werden muss. Die krankmachenden Normen des Vaters, die Prinzipien von Disziplin und Pflichterfüllung, sind ins Steintal eingedrungen und stören Lenz' psychisches Gleichgewicht. An dieser Stelle wird besonders deutlich, dass seine Geisteskrankheit auch – wenn nicht zum größten Teil – durch äußere Einflüsse verursacht wird. Lenz ist gewissermaßen das Opfer gesellschaftlicher Verhältnisse.[1] Kein Wunder, dass er verärgert reagiert und seinen Aufenthalt im Steintal heftig verteidigt. Hier habe er endlich Ruhe und Frieden gefunden, die ihm die väterliche Heimat niemals bieten könnte: „Es ist mir jetzt erträglich, und da will ich bleiben; warum? Warum? Eben weil es mir wohl ist; was will mein Vater? Kann er mehr geben? Unmöglich! Lasst mich in Ruhe!" (16, 24–16, 26)

Lenz als Opfer gesellschaftlicher Verhältnisse

Oberlins geplanter Aufbruch (16, 28–17, 9)

Bestand bislang trotz aller Rückschläge stets die Hoffnung auf einen guten Ausgang, nimmt die Handlung nun immer dunklere und pessimistischere Züge an. Durch Kaufmanns Erscheinen und die damit verbundenen Erinnerungen an den Vater scheint Lenz von seiner Vergangenheit eingeholt worden zu sein. Er selbst beginnt nun daran zu zweifeln, ob er hier in Waldbach den richtigen Ort gefunden hat: „[E]r fühlte in einzelnen Augenblicken tief, wie er sich alles nur zurechtmache" (17, 1–17, 2). Umso beängstigender muss es für ihn sein, dass Oberlin, seine wichtigste Bezugsperson, mit Kaufmann in die Schweiz aufbrechen will, um den Pfarrer und Philosophen Lavater persönlich kennenzulernen.

Wachsende Zweifel

[1] Vgl. hierzu ausführlich das Unterkapitel „Lenz als Opfer gesellschaftlicher Verhältnisse", S. 70–73.

Zäsur 2: Vom Steintal entfernt (17, 9–19, 10)

Lenz begleitet Oberlin ein Stück des Weges und bleibt nach dem Abschied noch eine Weile allein, ohne ins Steintal zurückzukehren. Erneut stellt der Aufenthalt im Gebirge eine Zäsur und damit einen Wendepunkt der Handlung dar. Mit dem Fortgang Oberlins scheint Lenz jede Zuversicht verloren zu haben. Ähnlich wie zu Beginn der Erzählung läuft er wieder allein durch die Landschaft, hat aber nun kein rechtes Ziel mehr: „Manchmal saß er, dann ging er wieder, aber langsam träumend. Er suchte keinen Weg." (17, 22–17, 23) Hetzte er damals rastlos durch die Natur, scheint jetzt alle Energie aus ihm gewichen zu sein.

Allein und ohne Ziel

Noch deutlicher wird der Unterschied zwischen dieser und der Anfangssequenz, als Lenz schließlich ein bewohntes Haus in einem Nachbartal erreicht. Die Ausgangssituation ist die gleiche: Wie damals bei Oberlin begehrt er auch jetzt Unterschlupf in einer Familie. Doch während er im Pfarrhaus herzlich empfangen worden ist, macht man nun nicht viel Aufhebens um seine Person. Erst „[n]ach langem Klopfen" (17, 30) öffnet ihm eine alte Frau: „[S]ie war halb taub, sie trug Lenz einiges Essen auf und wies ihm eine Schlafstelle an, wobei sie beständig ihr Lied fortsang." (17, 31–17, 33) Anders als Madame Oberlin, die damals bei seiner Ankunft im Steintal als gütige Mutter „engelgleich stille saß" (7, 14) und einen beruhigenden Einfluss auf ihn hatte, beachtet ihn diese Frau nicht weiter. Ihre ganze Aufmerksamkeit gilt der kranken Tochter, die unruhig in einem Bett liegt und unverständlich vor sich hinmurmelt. Später in der Nacht sitzt sie geisterhaft am Tisch und fantasiert, offenbar im Fieberwahn, über eine nahe gelegene Kirche auf einer Klippe, „und der Mond warf sein stilles Licht auf ihre Züge, von denen ein unheimlicher Glanz zu strahlen schien" (18, 16–18, 17). Ganz anders als in Oberlins gemütlicher Stube herrscht in diesem Zimmer eine äußerst beklemmende Atmosphäre. Hier trifft Lenz nicht auf

Erneute Aufnahme in einem fremden Haus – beklemmende Atmosphäre

Gastfreundlichkeit und wohlwollendes Interesse, sondern auf Leid, Sorge und Angst. Hatte er damals in Waldbach neue Zuversicht gewonnen, so kann ihn die jetzige Umgebung nur noch mehr deprimieren.

Der unheimliche Heilige

Einen besonderen Eindruck auf ihn macht ein großer, hagerer Mann, der sich in der Hütte um das kranke Mädchen kümmert. Er lindert ihre Schmerzen mit Heilkräutern, erzählt von einer Stimme, die er im Gebirge gehört hat, und vergleicht sich in seinem religiösen Ringen mit dem alttestamentlichen Jakob[1]. Immer wieder hält er inne, um andächtig zu Gott zu beten. Von den Leuten, die sich am nächsten Tag schweigend vor ihm niederwerfen, erfährt Lenz, dass der Mann einst aus der Fremde in die Gegend gekommen sei, „er stehe im Ruf eines Heiligen, er sehe das Wasser unter der Erde und könne Geister beschwören, man wallfahre zu ihm" (19, 3–19, 5). Auch hier wird ein starker Kontrast zur Eingangsszene deutlich, unterscheidet sich der geradezu fanatisch anmutende Glaube dieses Mannes doch grundsätzlich vom bodenständigen, volksnahen Glauben des Pfarrers Oberlin. Unwillkürlich fürchtet sich Lenz vor dem Fremden, „von dem es ihm manchmal war, als rede er in entsetzlichen Tönen" (19, 8–19, 9). Fast hat es den Anschein, als erblickte Lenz in ihm seinen eigenen Wahnsinn. Bald verlässt er den düsteren Ort, um ins Steintal zurückzukehren.

---

[1] Sohn des Isaak, Auserwählter Gottes und Stammvater Israels. Jakob erhielt den Namen „Israel" („Gottesstreiter"), nachdem er mit einem himmlischen Wesen eine ganze Nacht lang gerungen und gesiegt hatte. Büchner erwähnt die alttestamentarische Figur vermutlich auch deshalb, um eine Parallele zwischen dem unheimlichen Fremden und Lenz herzustellen, der in der historischen Wirklichkeit ja ebenfalls den Vornamen „Jakob" trug.

2.2 Lenz und Madame Oberlin (19, 11–21, 24)

Bei Madame Oberlin (19, 11–20, 28)

Nach den Erlebnissen in der fremden Hütte findet Lenz auch in Waldbach keine Ruhe mehr: „Er wühlte jetzt in sich. Er aß wenig; halbe Nächte im Gebet und fieberhaften Träumen." (19, 14–19, 15) Wie bei seiner ersten Ankunft im Steintal wird er auch jetzt von Angst- und Panikattacken heimgesucht. Da der Pfarrer auf Reisen ist, sucht Lenz in seiner Not die Gesellschaft Madame Oberlins, die ihm aber kaum Halt geben kann. So stürzt er immer tiefer ins Chaos seiner Gefühle und Gedanken. „Alles strömte wieder zusammen. Ahnungen von seinem alten Zustande durchzuckten ihn" (19, 20–19, 21).

Keine väterliche Hand im Seelenchaos

Angeregt durch die Verse eines sehnsüchtigen Liebesliedes, das die Magd singt, muss er in dieser Phase wie zwanghaft an eine Frau denken, die in seiner Vergangenheit offenbar von großer Bedeutung war. Schon vor Oberlins Abreise war kurz von ihr als „eine Gestalt, die ihm immer vor Augen schwebte" (17, 6–17, 7), die Rede. Nun ist seine Sorge um sie so groß, dass er Madame Oberlin, die ihm freilich nicht weiterhelfen kann, immer wieder auf sie anspricht. Er möchte etwas über ihr Befinden erfahren, betont seine Sehnsucht nach ihr und schwärmt von den Situationen, in denen er mit ihr zusammen war: „[W]enn sie so durchs Zimmer ging, und so halb für sich allein sang, und jeder Tritt war eine Musik, es war so eine Glückseligkeit in ihr, und das strömte in mich über, ich war immer ruhig, wenn ich sie ansah, oder sie so den Kopf an mich lehnte" (20, 10–20, 14). Umso schmerzlicher muss es für ihn sein, dass die Erinnerung an sie allmählich verblasst und er sich ihr Gesicht kaum noch vorstellen kann.

Sehnsucht nach einer Frau aus der Vergangenheit

Auch wenn es in der Erzählung nicht explizit gesagt wird, ist es mit Blick auf Jakob Michael Reinhold Lenz' Biografie doch klar, dass es sich bei dieser Frau um die elsässische

Pfarrerstochter Friederike Brion (1752–1813) handelt, um die er im Sommer 1772 warb. Sie aber, die erst ein Jahr zuvor von Goethe verlassen worden war und noch immer an großem Liebeskummer litt, erwiderte seine Avancen nicht.[1] Auch mehr als fünf Jahre später, als Lenz bereits im Steintal wohnte, hatte er Friederike nicht vergessen, wie auch Oberlins Bericht bezeugt. Es ist durchaus denkbar, dass diese unerfüllte Liebe einer der Gründe für den Ausbruch seiner Geisteskrankheit war.

Goethes Jugendliebe Friederike Brion

Erweckungsversuch (20, 29–21, 24)

Trotz – oder wegen – seiner Sehnsucht nach der geliebten Frau fühlt sich Lenz bald kalt und leblos. Er wünscht sich die Zeiten zurück, „wo alles in ihm sich drängte, wo er unter all seinen Empfindungen keuchte" (20, 32–20, 33). Noch schmerzhafter als die damalige Unruhe ist für ihn die nun empfundene Leere, in der er sich selbst nicht mehr findet. Mit allen Mitteln versucht er, „eine Glut in sich zu wecken" (20, 31), seine einstige Lebensenergie wieder zu entfachen. Er übt sich in „religiösen Quälereien" (20, 29), wirft sich zu Boden, betet, fastet, bittet Gott um ein Zeichen. Insgeheim mag er in diesem fanatischen Tun dem unheimlichen Fremden nacheifern, den er kurz zuvor im Nachbartal getroffen hat.

Religiöse Quälereien gegen innere Leere

Als er vom Tod eines Kindes im nahe gelegenen Ort Fouday erfährt, glaubt er sich persönlich betroffen, er fasst die Nachricht „wie eine fixe Idee" (21, 2) auf. Einen Tag lang fastet er in seinem Zimmer, dann beschmiert er sein Gesicht mit Asche, wickelt sich in einen alten Sack und macht sich in diesem Büßergewand auf den Weg zum Leichnam. Wie später noch deutlicher werden wird, fühlt er sich für das Unglück verantwortlich und leidet unter starken

[1] Nähere Informationen hierzu finden sich im Unterkapitel „Die realen Kontexte der Erzählung ‚Lenz'", S. 46–52.

Wahnhafte Schuldgefühle

Schuldgefühlen. Einer der Gründe dafür ist ein fataler Zufall: Das verstorbene Kind trug in der historischen Wirklichkeit – dies belegen Oberlins Aufzeichnungen – den gleichen Vornamen wie Friederike Brion.[1] So stellt Lenz in seinem Wahn den Todesfall im Nachbarort in einen Zusammenhang mit dem Schicksal der unerreichbaren Frau. Realität und Sorgen verschmelzen in unheilvoller Weise miteinander.

Steiler Abstieg von der ersten über die zweite bis zur dritten Ankunftsszene

Nachdem Lenz Fouday erreicht hat, betritt er zum dritten Mal in der Handlung ein fremdes Haus. Diesmal erwartet ihn eine noch bedrückendere Atmosphäre als in der Hütte des betenden Mannes. Hat man ihn damals zumindest halbwegs beachtet, so führen ihn die Bewohner, die „gleichgültig“ (21, 10) ihre Arbeit verrichten, nun lediglich ins Zimmer, wo der tote Körper aufgebahrt ist. Der Abstieg von einer Ankunftsszene zur nächsten könnte kaum steiler und düsterer sein: Nachdem Lenz in Oberlins Stube bei seinem Eintritt noch von einem gesunden Kindergesicht angestrahlt worden ist, wird er bereits einige Zeit später im Nachbartal mit einem schwerkranken Mädchen konfrontiert, um jetzt vor dem Leichnam eines Kindes zu stehen. So spiegeln diese drei Szenen – und insbesondere die jeweils darin auftauchenden Kinderfiguren – auch Lenz' zunehmend schlechter werdenden Zustand wider.

Unbewusste Identifikation mit dem toten Kind

Als er die auf einem Holztisch liegende Leiche erblickt, befällt ihn großes Entsetzen: „Lenz schauderte, wie er die kalten Glieder berührte und die halb geöffneten gläsernen Augen sah.“ (21, 12–21, 13) Unbewusst scheint er sich mit der Leiche zu identifizieren. „Das Kind kam ihm so verlassen vor, und er sich so allein und einsam“ (21, 13–21, 14). Hat er sich bereits in den Tagen zuvor leer und leblos

[1] In der von Ludwig Büchner (dem jüngeren Bruder von Georg Büchner) herausgegebenen Fassung der Erzählung wird der Vorname sogar explizit genannt: „Am 3. Hornung hörte er, ein Kind in Fouday sei gestorben, das Friederike hieß“.

Die Ankunftsszenen in der Erzählung „Lenz"

1. In Oberlins Haus in Waldbach	2. In der Hütte im Nachbartal	3. Im Haus in Fouday
Lenz wird herzlich willkommen geheißen	Lenz wird herein- gebeten, aber kühl behandelt	Lenz wird kaum beachtet
gemütliche Atmosphäre	bedrückende Atmosphäre	unheimliche Atmosphäre
gesundes Kind	krankes Kind	totes Kind

➔ Im Handlungsverlauf werden die Orte immer hoffnungsloser, dabei spiegelt sich Lenz' Zustand im jeweiligen Kind wider.

gefühlt, so sieht er sich nun im kalten, reglosen Körper gleichsam gespiegelt. „[D]er Tod erschreckte ihn, ein heftiger Schmerz fasste ihn an, diese Züge, dieses stille Gesicht sollte verwesen" (21, 15–21, 16), heißt es in erlebter Rede. Kein Wunder, dass Lenz alles versucht, um das Kind zu erwecken. Insgeheim richtet er diesen verzweifelten Rettungsversuch auf sich selbst und die eigene Seele.

Nachdem er sich zunächst auf den Boden geworfen und Gott vergeblich um ein Zeichen angefleht hat, bleibt er lange starr sitzen und konzentriert sich auf einen Punkt in seinem Inneren. Dann richtet er sich auf, ergreift die Hände des Leichnams und spricht: „Stehe auf und wandle!" (21, 22) In diesem Augenblick hat Lenz' Größenwahn eine neue

Hybrider Größenwahn: Lenz in der Rolle des Erlösers

Der Erweckungsversuch

Dimension erreicht. Ist er noch wenige Tage zuvor während seiner Predigt in die Rolle des Pfarrers Oberlin geschlüpft, so inszeniert er sich nun als Sohn Gottes. Als Theologe mit der Bibel vertraut, gebraucht er die gleichen Worte, die Jesus in allen vier Evangelien an einen Gelähmten auf der Bahre richtet.[1] Darüber hinaus erinnert die Szene auch an die Erweckung des verstorbenen Lazarus, von der im Johannesevangelium berichtet wird.[2] Doch Lenz ist nicht Jesus, die Wirklichkeit nicht die Bibel. So muss sein Versuch scheitern: „Aber die Wände hallten ihm nüchtern den Ton nach, dass es zu spotten schien, und die Leiche blieb kalt." (21, 22–21, 24)

Zäsur 3: Allein ins Gebirge (21, 24–22, 7)

Fassungslos, dass seine Bitte nicht erhört worden ist, stürzt Lenz aus dem Zimmer und rennt von einem neuen Anfall erfasst ins Gebirge, was einen weiteren Wendepunkt darstellt. In der Rolle des Erlösers gescheitert, sinnt er nun auf teuflische Rache. Sein Größenwahn richtet sich jetzt gegen Gott selbst und dessen gesamte Schöpfung: „In seiner Brust war ein Triumphgeschrei der Hölle. Der Wind klang wie ein Titanenlied, es war ihm, als könnte er eine ungeheure Faust hinauf in den Himmel ballen und Gott herbeireißen und

Rachegefühle gegen Gott

---

[1] Vgl. Mt 9,5; Mk 2,9; Lk 5,23; Joh 5,8.

[2] Vgl. Joh 11,1–45.

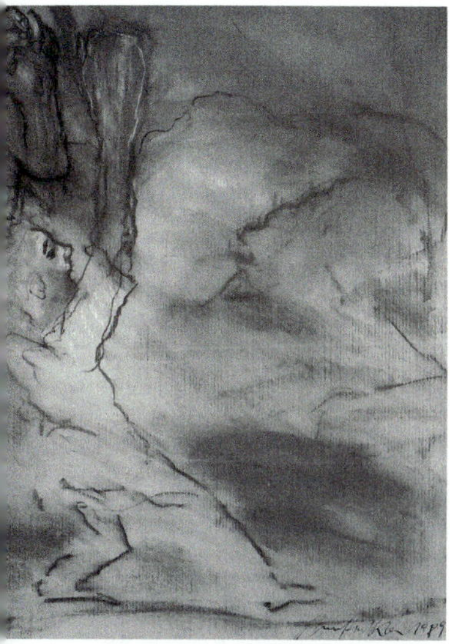

Aufbegehren gegen Gott

zwischen seinen Wolken schleifen; als könnte er die Welt mit den Zähnen zermalmen und sie dem Schöpfer ins Gesicht speien" (21, 28–21, 33). Mögen seine Fantasien auch noch so befremdlich erscheinen, verbirgt sich hinter ihnen doch letztlich nur der verzweifelte Wunsch, das eigene Ich zu retten. Ist ihm dies mit göttlicher Hilfe nicht gelungen, so wählt Lenz nun die Konfrontation. Im Aufbegehren gegen Gott und die Welt hofft er, den drohenden Persönlichkeitsverlust abwenden und die Grenzen seiner Identität bewahren zu können.

Wunsch, eigenes Ich zu retten

Doch schon als er auf der Gebirgshöhe angelangt ist, klingt seine Wut ab und weicht unendlichem Spott. Plötzlich erscheint ihm die Welt albern und banal: „[D]er Himmel war ein dummes blaues Aug, und der Mond stand ganz lächerlich drin, einfältig." (21, 35–22, 1) Weit und breit keine Spur eines allmächtigen Schöpfers. Hat er Gott auf dem Weg nach oben verflucht, so zweifelt er nun an seiner Existenz: „Lenz musste laut lachen, und mit dem Lachen griff der Atheismus in ihn und fasste ihn ganz sicher und ruhig und fest." (22, 1–22, 3) Nun kann er seine frühere Aufregung nicht mehr verstehen. Mit dem Glauben an Gott hat er auch jeden Glauben an einen Sinn der Welt und seines eigenen Lebens verloren – und damit auch die Verzweiflung über sein Schicksal. Dies alles scheint ihm nun egal zu sein. Was bleibt, sind körperliche Empfindungen: Lenz friert, ist müde, er will ins Bett. Ist er kurz zuvor in hasser-

Anfall von Atheismus

füllter Erregung den Berg hinaufgestürmt, so geht er nun „kalt und unerschütterlich" (22, 5) ins Tal zurück – „es war ihm alles leer und hohl" (22, 6).

2.3 Die letzten Tage bei Oberlin (22, 8–29, 11)

Blick in den Abgrund (22, 8–22, 12)

Doch schon am nächsten Tag erfasst ihn „großes Grauen" (22, 8), wenn er an seinen atheistischen Zustand im Gebirge denkt. Lenz meint nun, an einem „Abgrund" (22, 9) zu stehen, und in masochistischer Manier drängt ihn „eine wahnsinnige Lust" dazu, „immer wieder hineinzuschauen, und sich diese Qual zu wiederholen" (22, 9–22, 11). Ein Teufelskreis, denn je größer die Lust, desto größer auch seine Angst, sich „wider den Heiligen Geist" (22, 12) zu versündigen. Sein tragisches Ende zeichnet sich in dieser Phase des zunehmenden Zweifels an Gott und dessen Allmacht und Güte immer deutlicher ab.

Teufelskreis aus Lust und Angst

Oberlins Heimkehr und Lenz' Zerknirschung (22, 13–23, 34)

Diese Entwicklung kann auch Oberlin, der wenige Tage später von seiner Reise zurückkommt, nicht mehr aufhalten. Lenz' anfängliche Freude über das Wiedersehen weicht bald herber Enttäuschung. Oberlin spendet ihm keineswegs Trost und Ermutigung, sondern ermahnt ihn, dem Willen seines Vaters zu folgen, an seine beruflichen Pflichten zu denken und heimzukehren. Letztlich hat er ihm wenig mehr zu bieten als fahle Sinnsprüche wie: „Ehre Vater und Mutter" (22, 20). So muss Lenz ernüchtert erkennen, dass ihm auch Oberlin nicht mehr helfen kann. Er hat Angst, in Waldbach nicht länger willkommen zu sein, und gesteht dem Pfarrer: „Nur in Ihnen ist der Weg zu Gott. Doch mit mir ist's aus! Ich bin abgefallen, verdammt in Ewigkeit" (22, 24–22, 25).

Keine Hilfe von Oberlin, sondern nur Ermahnungen

Lenz plagen Schuldgefühle, dass er seinen Glauben verloren und Gott im Gebirge sogar verhöhnt hat. Er sei „der Ewige Jude" (22, 25), erklärt er dem Pfarrer und spielt damit auf eine im Mittelalter entstandene christliche Volkssage an. Sie handelt ursprünglich von einem namenlosen Menschen, der Jesus auf dessen Kreuzesweg verspottete und dafür von diesem verflucht wurde, für alle Zeiten rastlos durch die Welt zu wandern. Später wurde aus dieser Figur ein Jude namens Ahasveros. Genauso heimatlos, verdammt zur ewigen Wanderschaft, ohne Hoffnung auf Erlösung, fühlt sich auch Lenz, als er die wachsende Distanz zu Oberlin erkennen muss.

Lenz als „der Ewige Jude"

Seine Schuldgefühle projiziert er erneut auf die unerreichbare Friederike. Sicherlich auch wegen der traumatischen Erfahrung mit dem toten Kind in Fouday bildet er sich in seinem Wahn ein, sie ermordet zu haben. Ein weiterer unbewusster Grund für diese Vernichtungsfantasien mag aber auch Lenz' „[v]erfluchte Eifersucht" (23, 1) sein, gehört das Herz der Begehrten doch einem anderen Mann. Trotz Oberlins beruhigendem Zureden sind Lenz' Gewissensqualen bald so stark, dass er den Pfarrer auffordert, ihn zur Strafe mit einer Rute zu schlagen. Nachdem ihm diese Bitte nicht erfüllt worden ist, wird er zur nächtlichen Stunde vor Schuldgefühlen wie toll: „Lenz rannte durch den Hof, rief mit hohler, harter Stimme den Namen Friederike mit äußerster Schnelle, Verwirrung und Verzweiflung ausgesprochen, er stürzte sich dann in den Brunnentrog, patschte darin, wieder heraus und herauf in sein Zimmer, wieder herunter in den Trog, und so einige Mal" (23, 24–23, 29). Erneut spiegelt sich im expressiven Satzbau – in der Reihung der durch Kommas verbundenen Hauptsätze und der elliptischen Satzteile – Lenz' atemloses Gehetztsein wider. Auffällig sind in der zitierten Textstelle auch die zahlreichen Alliterationen („hohler, harter"; „Verwirrung und Verzweiflung"; „heraus", „herauf", „herunter") und Wiederholun-

Schuldgefühle und Wunsch nach Bestrafung

gen („wieder", „wieder"), die der Dramatik der Situation einen sprachlichen Ausdruck verleihen. Waren die Brunnenstürze zuvor noch verzweifelte Versuche, durch den körperlichen Schmerz das eigene Ich zu fühlen, so kündigen sich in ihnen nun auch die baldigen Selbstmordversuche an. Die Hoffnung jedenfalls, dass Lenz' Schicksal noch eine gute Wendung nehmen würde, hat Oberlin – und mit ihm der Leser – wohl spätestens jetzt verloren.

Verlust der Hoffnung auf eine positive Wendung

Lenz' Langeweile und Fluchtversuche (23, 35–26, 5)

Am nächsten Morgen hat sich Lenz' Zustand weiter verschlechtert. Nun leidet er unter entsetzlicher Langeweile – sicherlich eine Folge der empfundenen Leere und Sinnlosigkeit. In dieser Phase fehlt ihm jeder Antrieb, irgendetwas zu tun. Die Hinwendung zu Gott, zu der ihm Oberlin rät, tut er als bloßen „behaglichen Zeitvertreib" (24, 7–24, 8) ab und zeigt sich auch sonst pessimistisch, ja zynisch. Alles menschliche Handeln, ob nun beten, sich verlieben, tugendhaft leben oder lasterhaft, geschehe „aus Müßiggang" (24, 9). Nur ihm fehle jede Motivation: „[I]ch mag mich nicht einmal umbringen: es ist zu langweilig" (24, 11–24, 12). Kein Wunder, dass sich Oberlin verärgert abwendet, zu provozierend müssen die gotteslästerlichen und lebensverachtenden Sätze auf ihn wirken.

Empfundene Leere und Langeweile

Nach dem Sturz aus dem Fenster

Dass Lenz in dieser Phase nicht mehr bei klarem Verstand ist, zeigt auch seine Unsicherheit darüber, ob er träume oder wache – „sehn Sie, das ist sehr wichtig, wir wollen es untersuchen" (24, 20–24, 21). Immer stärker verschwimmt für ihn die Grenze zwischen Realität und Fiktion, immer gefährlicher wird sein psychischer Zustand für seine physische Existenz. Als er Oberlin wenig später mit verrenkten Gliedmaßen und aschebedecktem Gesicht gegenübertritt und gesteht, dass er sich aus dem Fenster gestürzt habe, muss auch der Pfarrer seine Ohnmacht einsehen und fordert Verstärkung an. Er bittet Sebastian, den Schulmeister[1] aus dem nahe gelegenen Ort Bellefosse, nach Waldbach zu kommen und auf Lenz aufzupassen. In diesem Moment, als Oberlin einen großen Teil seiner Verantwortung abgibt, ist seine spätere Kapitulation bereits erahnbar.

Verschwimmen der Grenzen zwischen Realität und Fiktion

Oberlins wachsende Ohnmacht

Während Lenz mit Sebastian zusammen ist, überkommt ihn erneut große Unruhe. Noch immer von Schuldgefühlen geplagt, besucht er mit dem Schulmeister das Grab des verstorbenen Kindes in Fouday, reißt aus einer Blume ein Stück als Andenken heraus, geht zurück nach Waldbach, um sogleich wieder zum Grab umzukehren. Ihm wird alles eng und zuwider. Er versucht, sich der Kontrolle Sebastians zu entziehen, wird eine Weile von dessen

Lenz unter Kontrolle

[1] Als Schulmeister bezeichnete man damals einen Lehrer ohne Abschluss eines Hochschulstudiums, der an Dorfschulen oder Volksschulen tätig war.

zwei Brüdern begleitet, bis ihm schließlich die Flucht in ein Haus in Fouday gelingt. Hier erreichen seine Gewissensqualen ihren grotesken Höhepunkt: Er gibt sich den fremden Menschen gegenüber als Mörder aus. Hat er kurz zuvor noch Oberlin darum gebeten, ihn für seine eingebildeten Vergehen zu schlagen, verlangt er nun die Bestrafung durch das Gesetz. Einmal mehr wird deutlich, wie sehr er jeglichen Bezug zur Realität und zur eigenen Identität verloren hat.

Höhepunkt der Schuldgefühle

Nachdem er nach Waldbach zurückgebracht und von Oberlin herzlich begrüßt worden ist, beruhigt sich Lenz eine Weile. Er folgt dem Rat des Pfarrers und wendet sich in seiner Not zu Gott. Doch schon am nächsten Morgen wird klar, dass sich sein psychischer Zustand keineswegs gebessert hat. Wieder spricht er vom Tod der fernen Geliebten, um dann auf Oberlins Nachfrage hin nur noch Bruchstückhaftes und Unverständliches von sich zu geben: „Ja gestorben – Hieroglyphen." (26, 2) Die wichtigste Verbindung zu anderen Menschen, die Kommunikation über Sprache, wird immer schwieriger. Zusehends kapselt sich Lenz von seiner Umwelt ab: „Es war dann nichts weiter aus ihm zu bringen." (26, 2–26, 3)

Unverständliches Reden

Kurz vor dem Abschied (26, 6–29, 11)

Die letzten Textpassagen, in denen von Lenz' Aufenthalt bei Oberlin berichtet wird, wirken an manchen Stellen wie ein vorzeitiges – negatives – Resümee des Erzählers: „Sein Zustand war indessen immer trostloser geworden, alles was er an Ruhe aus der Nähe Oberlins und aus der Stille des Tals geschöpft hatte, war weg" (26, 6–26, 8). Auch der Erzähler scheint die Hoffnung auf einen glücklichen Ausgang verloren zu haben. Stand er seiner Hauptfigur bislang sehr nahe und war an ihrem Schicksal beteiligt, entfernt er sich nun spürbar von ihr. Fast könnte man meinen, er bereite den Leser auf den baldigen Abschied vor.

Vorzeitiges Resümee des Erzählers

Und tatsächlich geht es Lenz in den folgenden Tagen zunehmend schlechter. Das Steintal, in dem er anfangs neue Zuversicht gewonnen hat, verliert seine heilsame Wirkung. Der Wahnsinn greift nun immer stärker nach ihm: „[D]ie Welt, die er hatte nutzen wollen, hatte einen ungeheuern Riss" (26, 8–26, 9). Alle Symptome seiner Erkrankung, die sich bereits vorher gezeigt haben, treten nun in geballter Form auf: Angst- und Panikattacken, Zwangsgedanken und -handlungen, massive Schlafstörungen, das Gefühl unendlicher Leere und Einsamkeit, aber auch getriebene Unruhe. Es fällt Lenz immer schwerer, seine eigenen Ich-Grenzen aufrechtzuerhalten: „[D]achte er an eine fremde Person, oder stellte er sie sich lebhaft vor, so war es ihm, als würde er sie selbst" (26, 26–26, 27). Andere Male wird er von Größenfantasien überwältigt, die mit quälenden Schuldgefühlen und den entsprechenden Wahnideen einhergehen: „Es war ihm dann, als existiere er allein, als bestünde die Welt nur in seiner Einbildung, als sei nichts, als er, er sei das ewige Verdammte, der Satan; allein mit seinen folternden Vorstellungen." (27, 19–27, 22)

Wachsender Wahnsinn

Auch Oberlins Möglichkeiten sind schließlich erschöpft. Zwar klammert sich Lenz verzweifelt an den Pfarrer – „das einzige Wesen, das für ihn lebte und durch den ihm wieder das Leben offenbart wurde" (27, 28–27, 30) –, findet bei ihm aber immer weniger Hilfe. Selbst für Oberlins Ratschlag, Trost im Gebet zu suchen, hat Lenz bald kein Verständnis mehr, ist es für ihn doch unbegreiflich, wie ein allmächtiger Gott sein Leid zulassen kann. Immer häufiger und heftiger fügt er sich nun physischen Schmerz zu, um der Sinnlosigkeit zu entkommen und sich selbst zu spüren. Als er sich schließlich erneut aus dem Fenster stürzt, ist der Zeitpunkt der Trennung gekommen. Oberlin gesteht sich ein, dass er seinem Schützling nicht helfen kann, und gibt die Verantwortung ab.

Oberlins eingestandene Ohnmacht

Diese Entscheidung deutet keineswegs auf eine mögliche Ungeduld, Feigheit oder gar Grausamkeit hin, sondern spricht vielmehr für Oberlins kluge Umsicht. Angesichts der fortschreitenden Geisteskrankheit, insbesondere der zunehmenden Suizidversuche seines Schützlings, hat er seine eigenen Grenzen klar erkannt und die daraus folgenden Konsequenzen gezogen.

Vernünftige Entscheidung

Selbstverletzung aus Verzweiflung

Zäsur 4: Abreise aus dem Steintal (29, 12–29, 29)

Nach einem abrupten Szenenwechsel wird in der nächsten Textpassage von Lenz' Fahrt nach Straßburg erzählt. Auch diese Sequenz lässt sich in struktureller Hinsicht als Zäsur auffassen, die einen Wendepunkt der Handlung markiert. Wieder hält sich der Protagonist im Gebirge auf, doch im Gegensatz zu den vorangegangenen Stellen ist er jetzt völlig ruhig. Er hetzt nicht mehr rastlos durch die Natur, sondern sitzt „mit kalter Resignation" (29, 12) in einer Kutsche. Während er anfangs ein konkretes Ziel verfolgt hat, ist es ihm nun „einerlei, wohin man ihn führte" (29, 13). Lenz ist innerlich gebrochen und scheint allen Lebensmut verloren zu haben.

Letzter Aufenthalt im Gebirge

Auch die Beschreibungen der Landschaft haben sich auffällig verändert. Während die Natur zu Beginn der Erzählung belebt und bedrohlich gewirkt hat, erscheint sie jetzt kalt und starr. Das Gebirge hebt sich „nun wie eine tiefblaue Kristallwelle […] in das Abendrot" (29, 18–29, 19), über einer Flussebene liegt „schimmerndes bläuliches Gespinst" (29, 21). Die äußere Wirklichkeit wird hier zum geisterhaften Schauspiel, in unheimlicher Weise vom Betrachter getrennt. Der Eindruck eines Traumes wird nicht zuletzt auch durch die verwendeten visuellen Adjektive in Kombination mit Substantiven erzielt, wie man sie ähnlich auch in Märchen finden kann. Es scheint, als hätte sich die Welt, die Lenz anfangs zu überfluten drohte, jetzt von ihm abgewandt. So spiegeln auch die Naturbeschreibungen der Schlusspassage seine innere Verfassung wider. Er hat resigniert und den Kampf gegen den Wahnsinn verloren. Im Gegensatz zum Anfang verharrt er nun in völliger Passivität: „Lenz starrte ruhig hinaus, keine Ahnung, kein Drang" (29, 25–29, 26).

Natur als Spiegel von Lenz' Verfassung

3. Lenz in Straßburg (29, 29–29, 34)

Mit seinem Eintreffen in Straßburg, der Hauptstadt des französischen Elsass, klingt die Erzählung aus. Lenz wirkt nun endgültig wie eine leere Hülle. Sein Verhalten erinnert an das eines seelenlosen Automaten; er funktioniert nur noch ohne inneren Antrieb: „Er schien ganz vernünftig, sprach mit den Leuten; er tat alles wie es die andern taten, es war aber eine entsetzliche Leere in ihm, er fühlte keine Angst mehr, kein Verlangen" (29, 30–29, 33). Alle Energie und Hoffnung sind aus ihm gewichen. Mit einem lapidaren, trostlos wirkenden Schlusssatz wird Lenz seinem weiteren Schicksal überlassen: „So lebte er hin." (29, 34)

Wie ein seelenloser Automat

Hintergründe

Die realen Kontexte der Erzählung „Lenz"

Ein realer Hintergrund

Georg Büchners Erzählung handelt von einer wahren Episode aus dem Leben des Dichters Lenz, wobei immer wieder auf frühere Ereignisse angespielt wird. Auch die auftretenden oder nur genannten Nebenfiguren gehören der historischen Wirklichkeit an. Da die Kenntnis dieser biografischen Kontexte und Hintergründe, die Büchner offenbar voraussetzt, für ein tiefergehendes Verständnis der Erzählung wichtig ist, sollen sie im Folgenden kurz vorgestellt werden.[1]

Jakob Michael Reinhold Lenz (1751–1792)

Lenz' Lebensstationen vor seinem Aufenthalt im Steintal

Jakob Michael Reinhold Lenz wurde am 23. Januar[2] 1751 in Seßwegen, einem Dorf in Livland ca. 150 Kilometer östlich von Riga, geboren. Zeitlebens litt er unter dem ambivalenten,

Dominanz des Vaters

von Liebe und Furcht geprägten Verhältnis zum Vater, einem pietistischen[3] Pfarrer, der im Laufe seiner Karriere immer höhere und einfluss-

---

[1] Ausführliche biografische Informationen finden sich im Anhang der Textausgabe auf den Seiten 54–65.

[2] In vielen biografischen Darstellungen wird der 12. Januar als Lenz' Geburtstag genannt; dieses Datum bezieht sich aber auf den julianischen Kalender, der im damaligen Baltikum noch galt.

[3] Der Pietismus ist eine Ende des 17. Jahrhunderts in Deutschland entstandene protestantische Bewegung, die sich als neue Reformation der im Dogmatismus erstarrten Reformation Luthers begriff. Im Mittelpunkt der Lehre steht die individuelle Glaubenserfahrung des Menschen. Gleichzeitig forderte der Pietismus die Bewährung des Glaubens im Alltag und schuf damit ein strenges Arbeitsethos, das von Fleiß, Pflichtbewusstsein, Gehorsam und Disziplin geprägt war.

Johann Wolfgang von Goethe (1749 – 1832)

Friederike Brion (1752 – 1813)

reichere Posten besetzte. Nie konnte sich Lenz aus dem übermächtigen Schatten befreien. Gemäß den väterlichen Erwartungen begann er 1768 ein Studium der Theologie in Königsberg, wo er unter anderem die Vorlesungen des Philosophen Immanuel Kant (1724 – 1804) besuchte. Doch schon nach fünf Semestern brach er das Studium ab, um 1771 – gegen den Willen des Vaters – zwei adlige Brüder als Bediensteter nach Straßburg zu begleiten. In der elsässischen Hauptstadt, damals ein sozialer und kultureller Brennpunkt Europas, lernte er etliche Gleichgesinnte kennen: allen voran den nur zwei Jahre älteren Johann Wolfgang von Goethe, der hier studierte. Über ihn entwickelte sich auch der Kontakt zum Schweizer Pfarrer, Philosophen und Schriftsteller Johann Kaspar Lavater (1741 – 1801), mit dem Lenz korrespondierte. 1772 verliebte er sich in Goethes ehemalige Freundin Friederike Brion, die seine Avancen jedoch nicht erwiderte – noch lange Zeit später wird er voller Sehnsucht an die unerreichbare Frau denken. 1774 gab Lenz seinen Dienst bei den zwei Adligen auf und entschied sich für die unsichere

Studium der Theologie

Abbruch des Studiums

Bekanntschaft mit Goethe

Kontakt zu Lavater

Friederike Brion – unerwiderte Liebe

Freier Schriftsteller

Existenz des freien Schriftstellers. In den folgenden Jahren erschienen einige Werke: unter anderem seine „Anmerkungen zum Theater" (1774), eine der wichtigsten theoretischen Schriften des Sturm und Drang[1], und die Dramen „Der Hofmeister" (1774) und „Die Soldaten" (1776), die auch in Büchners Erzählung erwähnt werden. Im März

Bruch mit Goethe

1776 folgte Lenz dem bewunderten Freund Goethe nach Weimar, wurde aber bereits im Dezember wegen eines – vermutlich peinlichen – Vorfalls auf Betreiben Goethes wieder ausgewiesen. Bis heute ist nicht geklärt, was genau passiert ist: Goethe, der den persönlichen Kontakt zu Lenz nach den Vorkommnissen abbrach, spricht in seinem Tagebuch nur vage von „Lenzens Eselei". Die schmachvolle Ausweisung und der Bruch mit dem Freund stürzten Lenz in tiefe Seelennöte. Soeben noch ein geachtetes Mitglied der Weimarer Gesellschaft, wurde er nun zum Heimatlo-

---

[1] Als „Sturm und Drang" wird eine auf Deutschland beschränkte literarisch-weltanschauliche (Protest-)Bewegung bezeichnet, die ungefähr auf die Jahre 1765 bis 1785 datiert werden kann. Die überwiegend jungen Autoren (z. B. J. W. v. Goethe, Friedrich Schiller, Johann Gottfried Herder, Friedrich Maximilian Klinger und Lenz) wehrten sich gegen die Vernunftideologie der Aufklärung und betonten in ihren Werken, vor allem Dramen, die Bedeutung des typisch Menschlichen: die Individualität des Einzelnen, die Sinnlichkeit, die Totalität von Vernunft, Fantasie und Gefühl. Die Bewegung drängte auf soziale Gerechtigkeit, auf eine tiefe Naturverbundenheit und auf persönliche Freiheit. Überlieferte Regeln und Ansichten wurden als hemmend für die eigene künstlerische Schaffenskraft verworfen. Ins Zentrum rückte das Original-Genie, das sein Erleben und seine Erfahrungen in eine individuelle Form brachte und auch das eigene Leben jenseits ständischer und traditioneller Ordnungen zu gestalten suchte. Dementsprechend handeln viele Dramen des Sturm und Drang von sozialen Konflikten zwischen einem vereinzelten Individuum und der Gesellschaft. Das Künstlergenie versteht sich als naturgegebene schöpferische Kraft, die sich durch Spontaneität, Intensität und Originalität seiner Empfindungen auszeichnet. Es produziert nach dieser Auffassung so originär und kraftvoll wie die Natur selbst; Naturnachahmung heißt hier, selbst schöpferisch tätig zu sein. Wegen der Verherrlichung des Genies als „Urbild des höheren Menschen und Künstlers" wird die Zeit des Sturm und Drang auch „Geniezeit" oder „Genieperiode" genannt.

Christoph Kaufmann
(1753 – 1795)

Johann Friedrich Oberlin
(1740 – 1826)

sen und reiste 1777 rastlos umher. Eine Weile wohnte er bei Goethes Schwester Cornelia und ihrem Mann Georg Schlosser in Emmendingen. Von dort aus unternahm er mehrere Reisen, unter anderem ins elsässische Colmar zum Schriftsteller und Pädagogen Gottlieb Konrad Pfeffel (1736–1809), der auch in Büchners Erzählung erwähnt wird. Später besuchte er Lavater in Zürich, wo er vom plötzlichen Tode Cornelias erfuhr. Psychisch stark angeschlagen, reiste er im Oktober zum Pietisten und Philologen[1] Christoph Kaufmann und seiner Braut Elise Ziegler nach Winterthur in der Schweiz, um sich vom Schock zu erholen. Als sich sein Zustand in den darauffolgenden Wochen aber zusehends verschlechterte und sich die ersten Anzeichen einer Geisteskrankheit zeigten, brachte Kaufmann den verwirrten Lenz schließlich zu einem Freund in Waldersbach, dem pietistischen Pastor Oberlin.

Erste Anzeichen einer Geisteskrankheit

[1] Sprach- und Literaturwissenschaftler

Im Steintal

Bekanntschaft mit Oberlin

Oberlins Wirken im Steintal

Als Lenz am 20. Januar 1778 im Steintal ankam, war Johann Friedrich Oberlin 37 Jahre alt.[1] Er war bereits seit zehn Jahren Pfarrer der evangelischen Gemeinde Waldersbach, zu der unter anderem auch die in Büchners Erzählung genannten Nachbarorte Bellefosse und Fouday gehörten. Tief im christlichen Glauben verankert, war er doch auch den neuen aufklärerischen Ideen aufgeschlossen und davon überzeugt, dass der Mensch sein Leben kraft der eigenen Vernunft zu meistern habe. So hatte sich Oberlin neben seiner seelsorgerischen Arbeit zum Ziel gesetzt, das harte und entbehrungsreiche Leben im Steintal, in dem es damals so gut wie keine Infrastruktur gab, zu verbessern. Zusammen mit den einheimischen Bauern legte er Brücken und Straßen an, führte neue Techniken in Landwirtschaft und Obstbau ein und gründete mehrere Industriebetriebe. Darüber hinaus wirkte er als Sozialreformer: Er errichtete mehrere Schulhäuser und die ersten Kindergärten Europas. Dem aufklärerischen Ideal der Gleichheit verpflichtet, unterstützte er Alphabetisierungskampagnen und setzte es außerdem durch, dass auch Mädchen weiterführende Schulen besuchen durften. Auch seinem Gast Lenz begegnete Oberlin voller Respekt und nahm ihn ohne Vorbehalte auf. Was in den 20 Tagen von Lenz' Aufenthalt geschehen ist, lässt sich heute nur noch dem Bericht entnehmen, den der Pfarrer kurz nach dem Abschied geschrieben hat und der auch die Hauptquelle für die Erzählung ist. Abgesehen von einigen Details, etwa dem hinzugefügten Kunstgespräch, folgte Büchner weitgehend dem von Oberlin skizzierten Verlauf der Ereignisse.[2] Demnach verschlechterte sich Lenz' psychischer Zustand während seines Aufenthal-

---

[1] Lenz war zehn Jahre jünger als Oberlin. Im Steintal erlebte er seinen 27. Geburtstag, der aber weder in Oberlins Bericht noch in Büchners Erzählung erwähnt wird.

[2] Ein Vergleich zwischen Oberlins Bericht und Büchners Erzählung findet sich auf den Seiten 65–70.

tes im Steintal so sehr, dass sich Oberlin schließlich gezwungen sah, ihn am 8. Februar 1778 nach Straßburg abtransportieren zu lassen. Danach wirkte Oberlin noch weitere 48 Jahre bis zu seinem Tod 1826 als Gemeindepfarrer. Welch große Bedeutung er im Steintal und darüber hinaus hatte, vermittelt das Musée Oberlin in Waldersbach, das noch heute besucht werden kann. Noch prägnanter drückt sich die Verehrung, die seine Gemeinde ihm entgegenbrachte, in den zwei Worten auf dem Kreuz aus, das auf seinem Grab in Fouday steht: „Papa Oberlin“.

Lenz’ weiteres Schicksal

Wie ging Lenz’ Leben nach seinem Abtransport weiter? Welches Schicksal verbirgt sich hinter dem lapidaren Schlusssatz der Erzählung „So lebte er hin.“ (29, 34)? Auch wenn die letzten 14 Lebensjahre nur lückenhaft überliefert sind, lassen sie sich doch zumindest grob rekonstruieren.

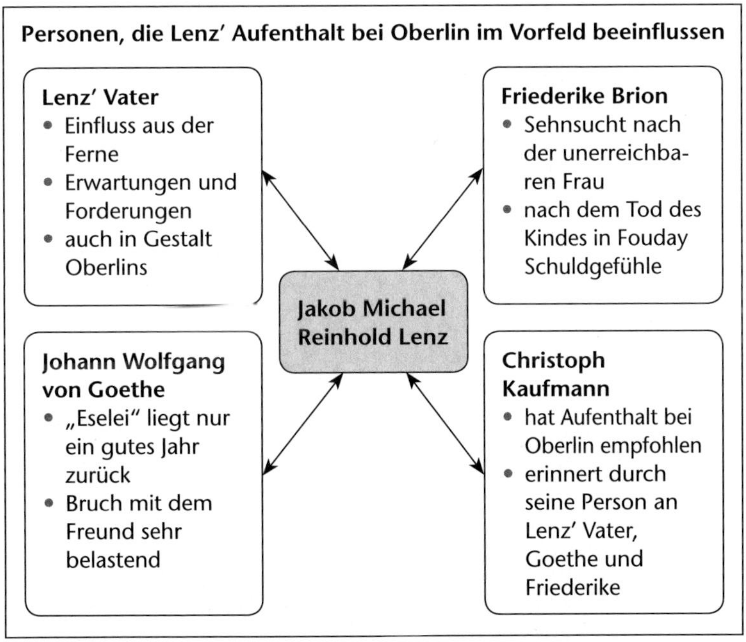

Nach einem kurzen Aufenthalt in Straßburg wurde Lenz zu Georg Schlosser nach Emmendingen gebracht, wo er durch eine Reihe von fragwürdigen und demütigenden Maßnahmen geheilt werden sollte: Unter anderem scherte man ihm die Haare und tauchte ihn wiederholt nackt in den kalten Fluss, eine damals übliche Therapie bei Geisteskrankheiten. Außerdem wurde er gebetsmühlenartig ermahnt, zum Vater zurückzukehren und um Vergebung zu bitten. Tatsächlich fügte sich Lenz schließlich dem Willen der anderen. Im September 1779 reiste er nach Riga, um seinen Vater, der mittlerweile zum Superintendenten (d. h. zum leitenden Geistlichen) von Livland aufgestiegen war, das erste Mal seit elf Jahren wiederzusehen. Zu einer Versöhnung kam es allerdings nicht, zu groß und unüberwindlich waren die Gegensätze zwischen ihnen. Nach einigen beruflichen Misserfolgen, zuerst in Riga, später in Sankt Petersburg, zog Lenz im September 1781 nach Moskau, wo er Russisch lernte und seinen Lebensunterhalt durch wechselnde Tätigkeiten, unter anderem als Hauslehrer und Übersetzer, verdiente. Außerdem veröffentlichte er noch verschiedene literaturtheoretische, pädagogische und sozialreformerische Schriften sowie ein weiteres Drama. Sein psychischer Zustand verschlechterte sich indessen so sehr, dass er in den letzten Jahren auf die Unterstützung russischer Gönner angewiesen war. Am 4. Juni 1792 wurde Lenz, erst 41 Jahre alt, in einer Moskauer Straße tot aufgefunden. „Er starb von wenigen betrauert", hieß es in seinem Nachruf, „von keinem vermisst."[1]

---

[1] aus dem Nachruf im „Intelligenzblatt der Allgemeinen Literaturzeitung" (1792, Nr. 99)

Büchners Lebensstationen

1813 – 1831: Kindheit und Jugend

Karl Georg Büchner kam am 17. Oktober 1813 im zum Großherzogtum Hessen-Darmstadt gehörenden Dorf Goddelau als erstes Kind des Arztes Karl Ernst Büchner und dessen Ehefrau Louise Caroline, geborene Reuß, zur Welt. Ihm folgten noch sieben Geschwister, von denen jedoch zwei kurz nach der Geburt starben. 1816 zog die Familie in die Residenzstadt Darmstadt, wo der Vater seine Stelle als Bezirksarzt antrat. Nachdem Büchner zuvor vermutlich heimischen Elementarunterricht bei seiner Mutter erhalten hatte, wurde er 1821 eingeschult. Bereits in der Grundschule, der neu gegründeten „Privaterziehungs- und Unterrichtsanstalt" in Darmstadt, lernte er Latein und Griechisch. Diese humanistisch geprägte Ausbildung wurde im Großherzoglichen Gymnasium Darmstadt, in das er 1825 eintrat, fortgesetzt und vertieft. Dabei spiegelte sich die gesellschaftliche Atmosphäre jener Zeit, die von einer wachsenden Unzufriedenheit mit den politischen Verhältnissen bestimmt war, auch im Klima des Gymnasiums wider. Eine ganze Generation wurde durch die Ereignisse im nachrevolutionären Frankreich, insbesondere durch die Julirevolution von 1830 und deren Folgen, politisiert. Die Beschäftigung mit dem Nachbarland führte zu immer lauterer Kritik am verkrusteten Feudalsystem im eigenen Land. Auch Büchner stilisierte sich in seiner Schulzeit als jugendlicher Revolutionär mit Jakobinermütze und schloss sich 1828 einem literarischen Schülerzirkel an, in dem hauptsächlich oppositionelle Ideen diskutiert wurden. Zum Semesterabschluss 1830 hielt er eine Rede zur Verteidigung des Cato von Utica, der aus Liebe zur Freiheit

Georg Büchner (1813 – 1837)

Selbstmord begangen hatte, da er die römische Republik durch die Herrschaft Cäsars gefährdet sah. Im Frühjahr 1831 verließ Büchner das Gymnasium mit einem eher durchschnittlichen Abiturzeugnis, aus dem die guten Noten in Deutsch und Geschichte hervorstachen.

1831 – 1833: Studium in Straßburg

Auf Anraten und Vermittlung seines Vaters schrieb er sich im Herbst 1831 in die medizinische Fakultät der Straßburger Universität ein. Während des zweijährigen Aufenthalts in Frankreich lebte er beim evangelischen Pfarrer Johann Jakob Jaeglé, einem entfernten Bekannten der Familie mütterlicherseits. Im Frühling 1832 verlobte er sich heimlich mit der drei Jahre älteren Pfarrerstochter Louise Wilhelmine, genannt Minna. Rückblickend nannte Büchner diesen Aufenthalt in Straßburg die glücklichste Zeit seines Lebens. In der 50.000-Einwohner-Stadt herrschte ein weltoffenes, intellektuell und kulturell lebendiges Klima, das aber auch von sozialen Unruhen gekennzeichnet war. Während Büchner die sich überschlagenden gesellschaftlichen und politischen Ereignisse um ihn herum beobachtete und sich auch mit frühsozialistischen Theorien beschäftigte, verstärkte sich seine revolutionäre Gesinnung. So hielt er im Mai 1832 vor der theologischen Studentenverbindung Eugenia, der er als „dauerhafter Gast" („hospes perpetuus") angehörte, einen Vortrag, in dem er „die Verderbtheit der deutschen Regierungen" anprangerte.

Louise Wilhelmine (genannt Minna) Jaeglé (1810 – 1880)

1833 – 1835: Studium in Gießen, Aufenthalt in Darmstadt

Da Büchner den hessischen Gesetzen entsprechend nur zwei Jahre im Ausland studieren durfte, setzte er das Studium im November 1833 an der Universität Gießen fort. Den Wechsel von Straßburg in die provinzielle, gerade mal 7.000 Einwohner zählende hessische Kleinstadt muss er wie einen Kulturschock erlebt haben. Getrennt von seiner Verlobten, konfrontiert mit der Rückständigkeit und den Ungerechtigkeiten des Obrigkeitsstaates und auch vom Studienangebot enttäuscht, wurde er hier wiederholt von starken Depressionen heimgesucht. Da die Kommilitonen darüber hinaus weit weniger radikale Ansichten vertraten als er selbst, gründete Büchner im Frühjahr 1834 die „Gesellschaft für Menschenrechte", eine revolutionäre Geheimorganisation nach französischem Vorbild. Kurze Zeit später schrieb er die Flugschrift „Der Hessische Landbote", in der die Bauern zum Aufstand gegen die herrschenden Verhältnisse aufgerufen wurden. Vom Butzbacher (Stadt in Hessen) Rektor und Oppositionellen Friedrich Ludwig Weidig (1791 – 1837) stark überarbeitet, wurde die Kampfschrift im Sommer 1834 in den umliegenden Dörfern verteilt. Als Karl Minnigerode (1814 – 1894), einer der Mitverschwörer, mit 140 Exemplaren gefasst und verhaftet worden war, geriet auch Büchner zunehmend ins Visier der Behörden: Sein Zimmer wurde in seiner Abwesenheit durchsucht, tags darauf wurde er verhört, aber mangels Beweisen nicht verhaftet. Anfang 1835, in einer Zeit der höchsten Gefahr, verfasste er, mittlerweile nach Darmstadt ins Elternhaus zurückgekehrt, in nur fünf Wochen sein Drama „Dantons Tod", in dem er sich kritisch mit seiner revolutionären Vergangenheit auseinandersetzte. Kurz nach Abschluss des Werkes, für das er auf Empfehlung des Literaturredakteurs Karl Gutzkow (1811 – 1878) sogleich einen Verlag fand, kam er mehreren richterlichen Vorladungen nicht nach. Anfang März 1835 konnte sich Büchner dem polizeilichen Zugriff durch die Flucht nach Frankreich gerade noch rechtzeitig entziehen.

1835 – 1836: Exil in Straßburg

Sein erzwungener zweiter Aufenthalt in Straßburg war um einiges sorgenvoller als der erste. Zur permanenten Angst, dass er als politischer Flüchtling kein Bleiberecht erhalten und nach Deutschland ausgeliefert werden würde (im Juni

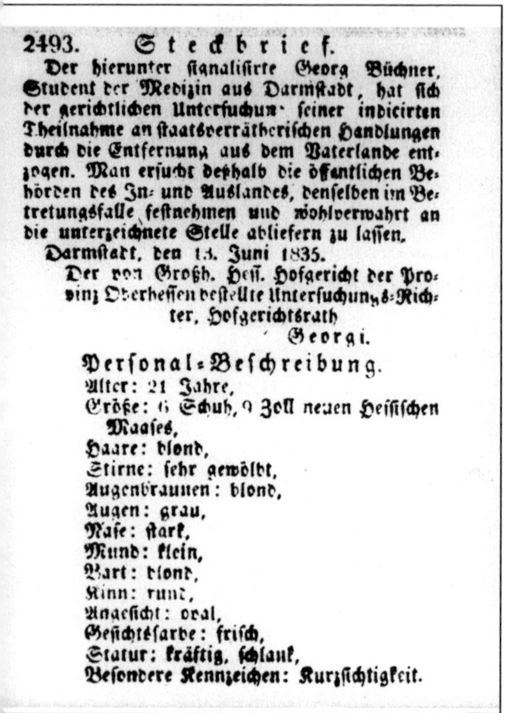

2493. Steckbrief.

Der hierunter signalisirte Georg Büchner, Student der Medizin aus Darmstadt, hat sich der gerichtlichen Untersuchung seiner indicirten Theilnahme an staatsverrätherischen Handlungen durch die Entfernung aus dem Vaterlande entzogen. Man ersucht deßhalb die öffentlichen Behörden des In- und Auslandes, denselben im Betretungsfalle festnehmen und wohlverwahrt an die unterzeichnete Stelle abliefern zu lassen.

Darmstadt, den 13. Juni 1835.

Der von Großh. Hess. Hofgericht der Provinz Oberhessen bestellte Untersuchungs-Richter, Hofgerichtsrath

Georgi.

Personal-Beschreibung.

Alter: 21 Jahre,
Größe: 6 Schuh, 9 Zoll neuen Hessischen Maases,
Haare: blond,
Stirne: sehr gewölbt,
Augenbraunen: blond,
Augen: grau,
Nase: stark,
Mund: klein,
Bart: blond,
Kinn: rund,
Angesicht: oval,
Gesichtsfarbe: frisch,
Statur: kräftig, schlank,
Besondere Kennzeichen: Kurzsichtigkeit.

Büchners Steckbrief im Frankfurter Journal am 18. Juni 1835

1835 wurde er im Großherzogtum Hessen steckbrieflich gesucht), kamen auch Unsicherheiten, die seine berufliche Zukunft betrafen. Darüber hinaus hatte sich sein Vater von ihm abgewandt, als er von den konspirativen Handlungen und der Flucht seines Sohns erfahren hatte, und gestattete lediglich Geldsendungen durch die Mutter. Trotz dieser Unterstützung zeigte Büchner in dieser Zeit einen schier unglaublichen Arbeitseifer, um sein Leben zu finanzieren. Nachdem er im Sommer 1835 zwei Dramen des französischen Schriftstellers Victor Hugo (1802–1885) ins Deutsche übersetzt hatte, machte er sich im Herbst an die Ausarbeitung seiner „Lenz"-Erzählung, legte diese im Winter jedoch unvollendet zur Seite, um mit seiner Dissertation über das Nervensystem der Barbe, eines in den Flüssen Straßburgs sehr verbreiteten Fisches, zu beginnen. Kurz nach dem Abschluss dieser Doktorarbeit Ende Mai 1836 begann er mit der Niederschrift des Lustspiels „Leonce und Lena", mit dem er an einem vom Verlag J.G. Cotta'sche Buchhandlung ausgeschriebenen Literaturwettbewerb teilnehmen wollte. Er verpasste aber den auf den 1. Juli festgelegten Einsendeschluss um zwei Tage, sodass sein Manuskript ungeöffnet zurückschickt wurde. In den darauffolgenden Monaten erweiterte Büchner das ursprünglich zweiaktige Lustspiel um einen weiteren Akt, begann parallel dazu mit der Arbeit an seinem sozialkritischen Drama „Woyzeck" und bereitete außerdem eine philosophiegeschichtliche Vorlesung vor, die er in Zürich halten wollte. Tatsächlich verließ Büchner am 18. Oktober 1836 sein französisches Exil und siedelte in die Schweiz über. Nach seiner Promotion und einer öffentlichen Probevorlesung, die er unter dem Titel „Über Schädelnerven" gehalten hatte, wurde er im November 1836 zum Privatdozenten an der Philosophischen Fakultät der Universität Zürich ernannt. In seinem ersten Seminar hielt er eine Vorlesung über die vergleichende Anatomie der Fische und Amphibien. Bereits in diesen Wochen zeichnete sich eine erfolgreiche akademische Karriere ab, was schließlich zur Versöhnung mit dem Vater führte. Neben der wissenschaftlichen

1836 – 1837: letzte Monate in Zürich

„Georg Büchner's Grab- und Denkstein unter der ‚Deutschen Linde' bei Zürich" (Stahlstich von A. Limbach, um 1876)

Tätigkeit nahm Büchner auch seine literarische Arbeit wieder auf. Vor allem schrieb er an seinem Drama „Woyzeck" weiter, konnte es aber nicht fertigstellen. Nach der bedrückenden Zeit in Straßburg eröffnete sich ihm nun eine gesicherte und vielversprechende Zukunft. Doch Ende Januar 1837 erkrankte er an Typhus, möglicherweise hatte er sich bei seinen Forschungsarbeiten an Tierpräparaten infiziert. Nach einigen Tagen im Fieberdelirium starb er am 19. Februar 1837 im Beisein seiner Verlobten. Georg Büchner wurde gerade einmal 23 Jahre alt.

Büchners Themen

Die Darmstädter Ausstellung zu Georg Büchners 150. Todestag trug den Titel „Revolutionär, Dichter, Wissenschaftler". Diese Begriffe vermitteln eine Ahnung von Büchners breiter Schaffenskraft. Zu seinem Werk gehören eine revolutionäre Flugschrift, drei Dramen und eine Erzählung; außerdem hat er zwei Stücke Viktor Hugos ins Deutsche übersetzt, ein medizinisches Studium abgeschlossen und eine naturwissenschaftliche Dissertation geschrieben. Diese Leistung ist umso bemerkenswerter, wenn man bedenkt, dass Büchner in seiner produktivsten Zeit als politischer Flüchtling im Exil lebte und bereits im Alter von 23 Jahren gestorben ist. Im Folgenden sollen die Themen, die seine Arbeit bestimmen, anhand der oben genannten Begriffe vorgestellt werden.

Großes Themenspektrum

Revolutionär: Büchners Werk lässt sich nur vor dem Hintergrund der damaligen gesellschaftlichen und politischen Verhältnisse angemessen begreifen. Es entstand in den 30er-Jahren des 19. Jahrhunderts, also in der Zeit des Vormärz. Diese Epoche Deutschlands auf der Schwelle vom Agrar- zum Industriestaat war geprägt von Armut und Not weiter Bevölkerungsteile. Gegen den spätabsolutistischen Obrigkeitsstaat

Armut und Not

formierte sich eine wachsende liberale Bewegung, die den politischen und sozialen Missständen den Kampf ansagte. Auch Büchner entdeckte bald seine revolutionäre Ader. „Wenn in unserer Zeit etwas helfen soll, so ist es *Gewalt*", schrieb er 1833 an die Familie. „Wir wissen, was wir von unseren Fürsten zu erwarten haben. Alles, was sie bewilligen, wurde ihnen durch die Notwendigkeit abgezwungen. Und selbst das Bewilligte wurde uns hingeworfen, wie eine erbettelte Gnade und ein elendes Kinderspielzeug, um dem ewigen Maulaffen *Volk* seine zu eng geschnürte Wickelschnur vergessen zu machen."[1] 1834 gründete er die geheime „Gesellschaft für Menschenrechte" und verfasste noch im gleichen Jahr die Flugschrift „Der Hessische Landbote", in der er die Ungerechtigkeiten im Großherzogtum Hessen anprangerte und die unterdrückten Bauern unter der Parole „Friede den Hütten – Krieg den Palästen!" zum aktiven Widerstand gegen die herrschende Klasse aufrief. Unter großer Gefahr wurde die Flugschrift durch Gleichgesinnte in den Dörfern um Gießen verbreitet.

Politische und soziale Missstände, Ungerechtigkeiten

Aktiver Widerstand, Revolution gegen Obrigkeitsstaat

Als die Gruppe aufflog, viele Mitverschwörer verhaftet wurden und auch Büchner nicht mehr sicher vor den Behörden war, gab er seine revolutionären Pläne ernüchtert auf und wandte sich verstärkt der Dichtung zu. Dabei umkreisen seine literarischen Werke die gleichen Themen, die ihn auch bislang bewegten. So reflektiert er in seinem 1835 entstandenen Drama „Dantons Tod", das in der Zeit der Französischen Revolution (1789–1799), fünf Jahre nach dem Sturm auf die Bastille, spielt, über Sinn, Rechtfertigung und Chancen politischer Umsturzversuche. Unverkennbar in der Rolle des ebenfalls desillusionierten Revolutionärs Danton, der auf seine Hinrichtung durch das Tribunal Robespierres wartet, durchlebt Büchner seine revolutionäre Vergangenheit noch einmal in der Literatur. In dem

Dichter:

Reflexionen über die Revolution

[1] Georg Büchner: Werke und Briefe. München: dtv 1988, S. 278

1836 geschriebenen Lustspiel „Leonce und Lena" wiederum karikiert er die verkrustete Kleinstaaterei seiner Zeit. Unter dem Deckmantel harmloser Fröhlichkeit und zahlloser literarischer Anspielungen übt er hier beißende Kritik an der höfischen Gesellschaft mit ihren sinnentleerten, um sich selbst kreisenden Ritualen und Zeremonien.

Kritik an höfischer Gesellschaft

Doch zu seinen Figuren gehören nicht nur berühmte Revolutionäre und vornehme Adlige, sondern – für die damalige Literatur ungewöhnlich – auch Menschen am Rand der Gesellschaft. So handelt seine 1835 begonnene, Fragment gebliebene Erzählung „Lenz" vom Aufenthalt des schizophrenen Dichters Jakob Michael Reinhold Lenz beim Pfarrer Oberlin im vogesischen Steintal. Und auch in dem 1836 geschriebenen, ebenfalls unvollendeten Drama „Woyzeck" steht ein Mensch mit tragischem Schicksal im Zentrum: Hier wird der einfache Soldat Woyzeck nach einer Reihe von physischen und psychischen Demütigungen zum Mörder an seiner ihm untreuen Freundin. Vor allem in diesen beiden Werken folgt Büchner seiner zutiefst humanistischen Kunstauffassung, die er seinem Protagonisten Lenz in den Mund legt: „Man muss die Menschheit lieben", fordert dieser in der Erzählung, „um in das eigentümliche Wesen jedes einzudringen, es darf einem keiner zu gering, keiner zu hässlich sein, erst dann kann man sie verstehen" (14, 32–15, 3).

Menschen am Rand der Gesellschaft

Humanistische Gesinnung

Büchners menschenfreundliche Gesinnung wird ergänzt durch den nüchternen Blick des Wissenschaftlers, den er sich im Lauf der Jahre angeeignet hat. Nach der Schulzeit absolvierte er ein Studium der Medizin, verfasste später eine Dissertation über das Nervensystem von Fischen und beschäftigte sich außerdem intensiv mit Philosophie und Geschichte. Dieses breit gefächerte Spektrum an wissenschaftlichen Themen kommt auch in seinem literarischen Werk zum Ausdruck.

Wissenschaftler:

Medizin, Naturwissenschaft, Philosophie und Geschichte

Vor allem in der Erzählung „Lenz" und im Drama „Woyzeck" zeigt sich Büchners Interesse für Menschen, die abseits der gesellschaftlichen Norm leben. Selbst phasenweise von Depressionen heimgesucht, schildert er die psychischen Störungen dieser Titelfiguren mit großer Empathie, gleichzeitig aber auch sezierend genau. Seine Beschreibungen von schizophrenen und paranoiden Erkrankungen sind so plastisch und detailliert, dass sie nicht nur literatur-, sondern auch medizingeschichtlich aufschlussreich sind.

Psychische Störungen

Dabei führt er die Ursachen dieser Krankheiten nicht auf das Verhalten des jeweils Betroffenen zurück, sondern auf die sozialen Verhältnisse.[1] Geprägt von der philosophischen Lehre des Positivismus, die sich auf „objektiv" erkennbare Tatsachen stützt, hielt er den Menschen für ein Produkt seiner Umweltbedingungen. Aus dieser Perspektive ist das individuelle Leben determiniert, also vorherbestimmt. Konzepte wie „freier Wille" oder „persönliche Verantwortung" erscheinen demnach illusionär. *„Ich verachte niemanden"*, schreibt Büchner in einem Brief an die Familie, „am wenigsten wegen seines Verstandes oder seiner Bildung, weil es in niemands Gewalt liegt, kein Dummkopf oder kein Verbrecher zu werden, – weil wir durch gleiche Umstände wohl alle gleich würden, und weil die Umstände außer uns liegen."[2]

Positivismus

Determinismus

Eng verbunden mit dieser Weltsicht ist ein düsterer Geschichtsfatalismus, wie ihn Büchner insbesondere im Drama „Dantons Tod" dargestellt hat. Nachdem die Revolution ihre Freiheitsideale verloren hat und in eine blutige Schreckensherrschaft umgeschlagen ist, muss die Titelfigur des Stückes erkennen, dass der Mensch den Verlauf der Geschichte nicht beeinflussen kann. Jeder ist der anony-

Geschichtsfatalismus

---

[1] Vgl. bez. Lenz hierzu ausführlicher das Unterkapitel „Lenz als Opfer gesellschaftlicher Verhältnisse", S. 70–73.

[2] Georg Büchner: Werke und Briefe. München: dtv 1988, S. 285

men Dynamik des Weltgeschehens hilflos ausgeliefert. „Der Einzelne nur Schaum auf der Welle“, schreibt Büchner in einer Phase großer Hoffnungslosigkeit an seine Verlobte, „die Größe ein bloßer Zufall, die Herrschaft des Genies ein Puppenspiel, ein lächerliches Ringen gegen ein ehernes[1] Gesetz, es zu erkennen das Höchste, es zu beherrschen unmöglich.“[2]

Entstehungs- und Editionsgeschichte der Erzählung „Lenz“

Erste Beschäftigung mit Lenz und Oberlin

Büchners erste Beschäftigung mit Lenz und Oberlin fällt vermutlich in die Zeit seines ersten Straßburger Aufenthalts (Herbst 1831 bis Sommer 1833). Für den Sturm-und-Drang-Dichter mag sich Büchner nicht zuletzt deshalb interessiert haben, weil dieser – über ein halbes Jahrhundert vor ihm – ebenfalls in Straßburg lebte und hier prägende Einflüsse für seine literarische Entwicklung, u. a. vom jungen Goethe, erhalten hatte. Informationen über Lenz gewann Büchner durch seinen Freund August Stöber (1808–1884), dessen Aufsatz „Der Dichter Lenz“ vom Oktober bis Dezember 1831 im „Morgenblatt für gebildete Stände“ erschien. Dieser Aufsatz erhielt neben einigen Briefen des Dichters auch Auszüge aus Oberlins Bericht, der damals noch nicht publiziert war. Einen Eindruck vom Leben und Wirken des Pastors konnte sich Büchner durch die Lektüre der ersten größeren Oberlin-Biografie verschaffen, die August Stöbers Vater, Daniel Ehrenfried Stöber, verfasst hatte und die ebenfalls Ende 1831 veröffentlicht wurde. Außerdem hatte Büchner direkten Kontakt zu Zeitzeugen aus Oberlins Umfeld: So wohnte er beim Pfarrer

[1] unveränderlich
[2] Georg Büchner: Werke und Briefe. München: dtv 1988, S. 288

Johann Jakob Jaeglé, der 1826 die Grabrede für Oberlin gehalten hatte, und kannte auch den Pfarrer Ludwig Friedrich Rauscher, der eine Enkelin Oberlins geheiratet hatte und dessen Vater Oberlins Nachfolger in der Gemeinde Waldersbach war.

Arbeit an der Erzählung „Lenz“

Mit der Arbeit an der Erzählung fing Büchner erst während seines zweiten Aufenthalts in Straßburg an (Frühjahr 1835 bis Herbst 1836). Steckbrieflich gesucht, der Gefahr nur knapp entkommen und auch im französischen Exil mit der permanenten Angst vor Entdeckung und Auslieferung, ist es leicht nachvollziehbar, weshalb er sich für Lenz' Schicksal interessierte. Womöglich verfolgte Büchner eine geradezu selbsttherapeutische Absicht, als er damit begann, Lenz' Aufenthalt im Steintal, ebenfalls eine existenziell kritische Lebensphase, zu literarisieren. Nachdem er sich im Frühjahr und Sommer 1835 zunächst mit den Quellen für seine Erzählung beschäftigt hatte – wobei Oberlins Bericht „Herr L...“ seine wichtigste war[1] –, machte er sich im Herbst an die literarische Ausarbeitung. „Ich habe mir hier allerhand interessante Notizen über einen Freund Goethes, einen unglücklichen Poeten namens *Lenz* verschafft, der sich gleichzeitig mit Goethe hier aufhielt und halb verrückt wurde“, schrieb Büchner im Oktober in einem Brief an die Familie. „Ich denke darüber einen Aufsatz in der deutschen Revue erscheinen zu lassen.“[2]

Unvollendetes Manuskript

Zu dieser Veröffentlichung ist es nicht gekommen. Lenz hat seinen „Aufsatz“ – in der damaligen Zeit der allgemeine Ausdruck für „etwas schriftlich Aufgesetztes“ – nicht abgeschlossen. Vermutlich fehlte ihm hierzu die Motivation, nachdem „Die deutsche Revue“ im November 1835 verboten worden und ihm somit die unmittelbare Publikations-

1 Siehe hierzu das nächste Unterkapitel.

2 aus einem Brief Büchners an die Familie im Oktober 1835 (Georg Büchner: Werke und Briefe. München: dtv 1988, S. 310)

möglichkeit genommen war. Als er ein Jahr später, im Oktober 1836, nach Zürich übersiedelte, befand sich in seinem Reisegepäck auch das „Lenz"-Fragment – womöglich wollte er es in der neuen Heimat fertigstellen. Doch diesen Plan machte Büchners plötzlicher Tod am 19. Februar 1837 zunichte.

Erstveröffentlichung durch Karl Gutzkow – Diskrepanzen?

Das unvollendete Werk wurde erst postum veröffentlicht. Im Januar 1839 gab Karl Gutzkow, Büchners Freund und Förderer, die Erzählung unter dem Titel „Lenz. Eine Reliquie von Georg Büchner" im „Hamburger Telegraph für Deutschland" heraus. Hierfür diente ihm jedoch nur die Abschrift des Manuskripts, die Büchners Verlobte Wilhelmine Jaeglé angefertigt hatte. Die überlieferte Fassung der Erzählung ist also kein authentischer Text des Autors, sondern das Resultat mehrfacher Ab- und Umschriften. Da das ursprüngliche Manuskript verschollen ist, kann nicht rekonstruiert werden, wie weit der Text dieser Erstveröffentlichung mit der Originalfassung der Erzählung übereinstimmt. Mögliche Diskrepanzen konnten auf dreierlei Wege entstehen: durch Jaeglés Abschrift, durch Gutzkows Redaktion und durch Eingriffe der Setzer in der Druckerei. Die Frage, wie weit diese Diskrepanzen gingen – inwiefern sich also beim vorliegenden Text überhaupt von einem originären Werk Büchners sprechen lässt –, wurde in der Forschung kontrovers diskutiert.

Neuveröffentlichung durch Ludwig Büchner – Änderungen des Stils

Noch komplizierter wurde die Editionslage durch eine Neuveröffentlichung der „Lenz"-Erzählung, die Ludwig Büchner 1850 im Rahmen einer Herausgabe der „Nachgelassenen Schriften" seines Bruders veranlasste. Obwohl er für diese Publikation sehr wahrscheinlich weder das Originalmanuskript noch Jaeglés Abschrift zur Verfügung hatte, griff er nach Gutdünken stark in den Text des Erstdrucks ein. Offenbar um zu kaschieren, dass es sich bei der Erzählung um ein unvollendetes Fragment handelt, nahm er etliche Änderungen vor, die von Eingriffen in die Interpunktion über Textstreichungen bis hin zu vermeintlich leserfreundlichen Ergänzungen reichten. Das Resultat war ein Text, der zwar „runder“ und „glatter“ als die ursprüngliche Fassung erscheinen mochte, der aber auch viel von deren expressivem, ihrer Zeit weit vorausgreifendem Stil verloren hat – und der vor allem weit unzuverlässiger war als der Erstdruck durch Gutzkow. Leider haben dies die nachfolgenden Editoren der Erzählung nicht erkannt und sich auf Ludwig Büchners Fassung als die in ihren Augen authentischere gestützt. Da sie nicht selten ebenfalls mehr oder weniger stark in den Text eingriffen, entstanden im Lauf der Zeit unterschiedliche Versionen der „Lenz“-Erzählung. Erst durch die Arbeit Hubert Gerschs, der 1984 eine Studienausgabe der Erzählung herausgebracht hat, die weitgehend auf der Textfassung des Erstdrucks von 1839 basiert, hat sich diese unbefriedigende Situation grundlegend gewandelt. In seinem ausführlichen Kommentar zu dieser Ausgabe konnte Gersch seine Entscheidung überzeugend begründen. Seitdem herrscht innerhalb der Büchner-Forschung weitgehend Konsens darüber, dass Gutzkows Textfassung Büchners Manuskript am nächsten kommt und daher die verbindliche Vorlage für eine Edition ist.

Studienausgabe auf Basis der Erstveröffentlichung

Ein Vergleich der Erzählung „Lenz“ mit Oberlins Bericht „Herr L...“

Büchners Hauptquelle für seine Erzählung war Oberlins Bericht über Lenz’ Aufenthalt im Steintal, der später unter dem Titel „Herr L...“ veröffentlicht wurde.[1] Er entnahm diesen Aufzeichnungen nicht nur den geschilderten Handlungsverlauf mit den konkreten Vorfällen, sondern auch einzelne Passagen und Sätze, die er teils wortgetreu in sei-

Büchners wichtigste Quelle

[1] Der Bericht ist im Anhang der Textausgabe abgedruckt (S. 66–83).

nen Text integrierte. Der folgende Vergleich zwischen Bericht und Erzählung soll aufzeigen, wie Büchner mit seiner Vorlage im Einzelnen umgegangen ist. Dabei wird insbesondere ein Blick auf die Unterschiede verdeutlichen, was den hohen literarischen Wert der „Lenz"-Erzählung ausmacht.

Johann Friedrich Oberlin (1740 – 1826)

Oberlins Bericht

Oberlin hat seine Aufzeichnungen wenige Wochen nach Lenz' Abreise geschrieben. Seine Absicht war es, die Ereignisse der vorangegangenen Wochen – womöglich für die Nachwelt – festzuhalten. Künstlerische Ambitionen hatte er dabei offenbar nicht: In einfachen, recht monoton und trocken wirkenden Sätzen schildert er die Erlebnisse von Lenz' Ankunft im Steintal am 20. Januar bis zu seinem Abtransport nach Straßburg am 8. Februar 1778 im Protokollstil, ohne seinen Bericht literarisch auszuschmücken. Er tritt als Ich-Erzähler, aus dessen Perspektive alle Vorgänge beschrieben werden, in der Handlung selbst auf. Dabei verfügt er nur über eine Innensicht von sich selbst, während ihm Lenz' Gedanken und Gefühle nicht direkt zugänglich sind. So überwiegt die Schilderung der von außen wahrnehmbaren Ereignisse.

Monoton wirkendes Protokoll ohne literarische Ambitionen

Immer wieder meldet sich Oberlin aber auch selbst zu Wort, um die Vorgänge zu kommentieren und zu bewerten. Auch im Hinblick auf Lenz beschränkt er sich nicht auf bloße Beschreibungen, sondern sucht nach Erklärungen für dessen Zustand. So führt er die Ursachen der Erkrankung auf neumodische Einflüsse, auf den Ungehorsam gegenüber dem Vater, auf Lenz' ziellosen Lebenswandel, auf seine unnützen Beschäftigungen und seinen ausschweifen-

Erklärungsversuche für Lenz' Krankheit

den Kontakt zu Frauen zurück (vgl. 79, 30–80, 2). Der pietistische[1] Pastor Oberlin, in dessen Leben Tugenden wie Vernunft, Disziplin und Aufopferung für andere fest verankert sind, steht Lenz daher – bei aller grundsätzlichen Empathie und Hilfsbereitschaft – auch skeptisch gegenüber und beurteilt dessen Lebensführung moralisch.[2]

Rechtfertigungsversuche für Lenz' Abtransport

Die Schlusspassage der Aufzeichnungen (vgl. 83, 1–83, 22) richtet sich offensichtlich an Menschen (etwa an Lenz' Freunde und Bekannte), die Oberlins Entscheidung, seinen Gast letztlich nach Straßburg bringen zu lassen, kritisieren und dem Pastor womöglich Hartherzigkeit vorwerfen. Oberlin nimmt am Ende seines Berichts also eine Verteidigungshaltung ein. Er weist darauf hin, dass letztlich jede Handlung, je nach Perspektive des Beurteilenden, kritisch bewertet werden könnte. Eine endgültige Beurteilung wäre nur dann möglich, wenn man alle zugrunde liegenden Faktoren kennen würde, was aber ausgeschlossen sei. Dennoch fühle sich Oberlin in seiner Entscheidung mit sich im Reinen, weil er sie im Glauben an Gott und stets nach bestem Wissen und Gewissen getroffen habe.

Büchners Erzählung

Wie bereits angedeutet, hat sich Büchner stark an Oberlins Aufzeichnungen orientiert und manche Textpassagen sogar übernommen. Deutlich werden die Parallelen beispielsweise in dem Abschnitt, in dem von Lenz' Ankunft in Waldbach erzählt wird (bei Oberlin: 66, 1–67, 6; bei Büchner: 6, 34–7, 22). Hier hat Büchner einige Sätze – insbesondere Teile des Gesprächs zwischen Lenz und Oberlin – wortwörtlich in seinen Text integriert. Doch bei allen Ähnlichkeiten fallen vor allem die Unterschiede zwischen den beiden Begrüßungsszenen auf, die durch verschiedene Erzähltechniken erzielt werden. Im Gegensatz zu Oberlins Bericht handelt es sich bei Büchners Erzählung um eine

[1] Zum Pietismus vgl. die Fußnote 3 auf S. 46.
[2] Vgl. hierzu ausführlicher das nächste Unterkapitel.

Er-Erzählung mit Außen- und Innensicht

Er-Erzählung, deren Erzähler nie direkt in Erscheinung tritt. Die Erzählperspektive wechselt in der Begrüßungsszene – wie in der gesamten Erzählung – immer wieder zwischen Außen- und Innensicht. Der Leser erfährt also auch von Lenz' Wahrnehmungen, Gefühlen und Gedanken und ist dadurch viel stärker am Schicksal des Protagonisten beteiligt als bei der Lektüre von Oberlins Berichts.

Literarisches Werk mit ästhetischem Anspruch

Schon der Vergleich zwischen den beiden Begrüßungsszenen verdeutlicht, dass Büchner mit seiner Erzählung ganz andere Absichten verfolgt hat als Oberlin mit seinen Aufzeichnungen. Ihm ging es um die Schaffung eines literarischen Werkes, für das nicht die bloßen Fakten, sondern ästhetische Maßstäbe zählen. Dementsprechend verzichtete er auf alle Textpassagen aus dem Bericht, die sich inhaltlich wiederholen oder nichts direkt mit Lenz' Aufenthalt im Steintal zu tun haben. Die übernommenen Passagen hingegen überarbeitete er stilistisch stark und baute sie literarisch so aus, dass aus Oberlins eher langweiligen Beschreibungen literarisch ansprechende und spannende Sequenzen wurden. Diese Spannung wird nicht zuletzt auch durch den Einsatz verschiedener Darbietungsformen erzielt: Während Oberlins Aufzeichnungen hauptsächlich aus einem langen Erzählerbericht bestehen, der nur manchmal von Kommentaren und kurzen Dialogen unterbrochen wird, wechseln sich in Büchners Text Erzählerbericht, erlebte Rede, indirekte als auch direkte Personenrede stetig ab.

Keine Kommentare oder Wertungen

Im Gegensatz zu Oberlins Bericht tritt der Erzähler bei Büchner nicht auktorial auf, sondern beschränkt sich auf ein personales Erzählverhalten. Dementsprechend finden sich in der Erzählung keine Kommentare zum Geschehen oder Erklärungen für Lenz' Zustand. Die darzustellende Wirklichkeit ist so komplex geworden, dass sie nicht mehr – wie noch in der traditionellen Literatur – von einem gleichsam über den Dingen schwebenden Erzähler erfasst und beschrieben werden kann. Der Leser wird bei Büchner nicht an die Hand genommen und behutsam durch die Geschichte geführt, sondern muss sich seine eigene Meinung bilden. Auch mögliche Ursachen für die Erkrankung des Protagonisten muss er sich selbst aus der Handlung erschließen. Die hierfür notwendigen Unterscheidungen wie gesund/krank, richtig/falsch oder gut/böse sind dabei zunehmend schwer, wenn nicht unmöglich geworden.

Naturbeschreibungen als Spiegel von Lenz' Psyche

Einen besonderen Reiz der Erzählung machen die zahlreichen Naturbeschreibungen aus, zu denen es in Oberlins Bericht – abgesehen von der kurzen Notiz „Es war gelind Wetter und Mondschein.“ (75, 25) – keine Entsprechungen gibt. Wie vorne ausgeführt, spiegelt die Natur in Büchners Erzählung die jeweilige Verfassung des Protagonisten wider. So wird sie am Anfang, als Lenz noch gegen den wachsenden Wahnsinn aufbegehrt, lebendig und bedrohlich dargestellt, während sie am Ende, nachdem der Kampf verloren ist, kalt und erstarrt wirkt. Hätte Büchner auf diese expressiven Schilderungen verzichtet, hätte sein Werk viel von seiner Faszination eingebüßt.

Das Kunstgespräch als poetologisches Zentrum

Auch zum ungefähr in der Mitte der Erzählung integrierten Kunstgespräch (vgl. 13, 22–16, 8) gibt es kein Gegenstück in Oberlins Bericht. Gerade auch dieser neu dazugeschriebene Textteil erinnert noch einmal eindrücklich daran, dass es Büchner mit seinem Werk keineswegs nur um die literarische Darstellung eines historischen Ereignisses gegangen ist. Auf der reinen Handlungsebene hält Lenz in diesem Gespräch einen langen Vortrag über seine Einstellung zu literarischen und künstlerischen Fragen. Darüber hinaus ist dieses Kunstgespräch jedoch auch deshalb interessant, weil es über Literatur und Literaturprogramme reflektiert und das Dichtungskonzept der Erzählung somit von innen heraus abbildet. Das Kunstgespräch trägt deshalb einen wesentlichen Teil zur literarischen und literaturgeschichtlichen Bedeutung der „Lenz“-Erzählung bei.

Zusammenfassung

Der kurze Vergleich hat gezeigt, wie Büchner mit seiner wichtigsten Quelle, Oberlins Aufzeichnung „Herr L...", umgangen ist. Er verwendete sie zwar als Vorlage, indem er sich an ihrem Handlungsverlauf orientierte und nicht nur zentrale Ereignisse, sondern auch etliche Textpassagen von ihnen übernahm. Die genannten Unterschiede – insbesondere die veränderten Erzählmittel, die expressiven Naturbeschreibungen und das hinzugefügte Kunstgespräch – unterstreichen jedoch den autonomen Charakter der Erzählung.

Lenz als Opfer gesellschaftlicher Verhältnisse

Wahnsinn als neues Thema in der Literatur – Perspektivwechsel

Die literaturgeschichtliche Bedeutung von Büchners Erzählung „Lenz" ist nicht zuletzt durch ihr Thema, eine psychische Erkrankung, begründet – für die damalige Zeit völlig neu und ungewöhnlich. Immer wieder wurden in der Forschung die expressiven Beschreibungen des Wahnsinns hervorgehoben, die es dem Leser ermöglichen, gleichsam aus der Sicht eines Betroffenen die gestörte Wirklichkeitswahrnehmung mitzuerleben. Auch die Symptome und der Verlauf von Lenz' Krankheit sind so detailliert und klinisch genau geschildert, dass die Erzählung gemeinhin als „eine frühe Schizophreniestudie"[1] gilt, die nicht nur literatur-, sondern auch medizingeschichtlich aufschlussreich ist. Darüber hinaus eröffnet Büchner in seiner Erzählung aber auch eine neue Perspektive auf die möglichen *Ursachen* psychischer Erkrankungen.[2]

---

[1] Irle, Gerhard: Der psychiatrische Roman. Stuttgart: Hippokrates 1994, S. 73

[2] Die folgenden Ausführungen orientieren sich im Wesentlichen an den Überlegungen von Thomas Anz in: Gesund oder krank? Medizin, Moral und Ästhetik in der deutschen Gegenwartsliteratur. Stuttgart: Metzler 1989, S. 15–19.

Um diesen Perspektivwechsel zu verdeutlichen, erfolgt zunächst ein kurzer Blick auf Oberlins Bericht, der ca. ein halbes Jahrhundert vor Büchners Erzählung entstanden ist. Wie für die damalige Zeit üblich, sieht Oberlin die Gründe für Lenz' Erkrankung in dessen Verhalten: „Denn fürchterlich und höllisch war es, was er ausstund, und es durchbohrte und zerschnitt mir das Herz, wenn ich an seiner Seite die Folge*(n)* der Prinzipien, die so manche heutige Modebücher einflößen, die Folgen seines Ungehorsams gegen seinen Vater, seiner herumschweifenden Lebensart, seiner unzweckmäßigen Beschäftigungen, seines häufigen Umgangs mit Frauenzimmern, durchempfinden musste." (79, 26–80, 2) Oberlins Aufzeichnungen stammen aus der Zeit der Epoche der Aufklärung, in der Geisteskrankheiten moralisch bewertet und begründet wurden. Vereinfacht ausgedrückt: Der Betroffene ist an seiner Krankheit selbst schuld, weil er nicht gemäß den herrschenden gesellschaftlichen Normen lebt. Eine Gesundung ist nur möglich, wenn er sein abweichendes Verhalten ändert und es wieder am allgemeinen Wertesystem ausrichtet.

Moralische Erklärung von Geisteskrankheiten

Im Gegensatz zu Oberlin beurteilt Büchner Lenz' Lebensweise nicht und bietet auch keine expliziten Erklärungen für dessen Wahnsinn an. Bei genauer Lektüre zeigt sich aber, dass die Krankheitsursachen in der Erzählung kein normwidriges Verhalten sind, sondern vielmehr *die sozialen Normen selbst.* Während Lenz aus Oberlins Sicht aus eigenem Verschulden erkrankt, ist er bei Büchner das Opfer gesellschaftlicher Verhältnisse. Diese radikale Umkehrung der Ursachen soll im Folgenden anhand des geschilderten Krankheitsverlaufs veranschaulicht werden.

Opfer sozialer Normen

So geht es Lenz im Steintal zunächst besser, nachdem er den strengen Normen und Anforderungen entkommen ist, die durch seinen Vater in der Heimat repräsentiert werden. Das Steintal erscheint ihm als eine heile und heilsame Gegenwelt, in der die Menschen noch im Einklang mit der

Lenz' Versuch, den Normen seines Vaters zu entkommen

Natur und einer göttlichen Ordnung leben. Lenz' Vergangenheit ist hier unbekannt, er wird so akzeptiert, wie er ist: „Oberlin wusste von allem nichts; er hatte ihn aufgenommen, gepflegt; er sah es als eine Schickung Gottes, der den Unglücklichen ihm zugesandt hätte, er liebte ihn herzlich. Auch war es allen notwendig, dass er da war, er gehörte zu ihnen, als wäre er schon längst da, und niemand frug, woher er gekommen und wohin er gehen werde." (13, 17–13, 22) Diese friedliche Harmonie ist schlagartig vorbei, als Kaufmann ins Steintal kommt. Mit dem unheilvollen Erscheinen des Freundes, „der ihn an so vieles erinnerte" und „der seine Verhältnisse kannte" (13, 15–13, 17), wird Lenz wieder mit seiner Vergangenheit konfrontiert. Die Trennung der beiden Welten ist aufgehoben. Spätestens wenn Kaufmann ihm nach dem Essen mahnende Briefe seines Vaters zeigt und ihm auch selbst vorwirft, „wie er sein Leben hier verschleudre, unnütz verliere" (16, 11), fühlt sich Lenz um seine Ruhe gebracht: „Hier weg, weg!", fährt er Kaufmann aufgebracht an. „Nach Haus? Toll werden dort?" (16, 12–16, 13) Die krankmachenden Normen des Vaters, die Prinzipien von Disziplin und Pflichterfüllung, sind ins Steintal eingedrungen und stören Lenz' psychisches Gleichgewicht. Noch traumatischer ist es für ihn, als ihn wenig später auch Oberlin – mittlerweile über das Vorleben seines Schützlings informiert – ermahnt, „sich in den Wunsch seines Vaters zu fügen, seinem Berufe gemäß zu leben, heimzukehren" (22, 18–22, 20). Wie schockierend muss es für Lenz sein, aus dem Mund des geliebten und bewunderten Pfarrers nun seinen strengen Vater sprechen zu hören. Der Aufenthalt im Steintal ist nun wie vergiftet, hat seine heilsame Wirkung verloren. In den darauffolgenden Tagen verschlechtert sich Lenz' Zustand zusehends, bis er schließlich in geistiger Umnachtung abtransportiert wird.

Scheitern der „Flucht" – ausgelöst durch den Besuch Kaufmanns

Somit findet in der Erzählung eine völlige Umwertung traditioneller Auffassungen statt. Während in Oberlins Bericht die Missachtung herrschender Normen krank macht, erscheinen diese bei Büchner selbst als Ursache der Krankheit. Tendierte man Aufklärung dazu, dem Betroffenen die Schuld für seine Erkrankung zu geben, so sucht Büchner mögliche Gründe in sozialen Verhältnissen und entlastet damit das kranke Individuum. Um zu gesunden, müssen sich nicht die Betroffenen, sondern die gesellschaftlichen Zustände bessern. Diese Umwertung, die nicht zuletzt auch ein Umdenken innerhalb der Psychologie und Psychiatrie in der zweiten Hälfte des 19. Jahrhunderts vorwegnimmt, ist einer der Gründe, weshalb Büchners Erzählung als frühes Werk der modernen Literatur gilt.

Büchners moderner Blick auf Krankheiten

Ein Schlüsselwerk der modernen Literatur

Obwohl bereits in der ersten Hälfte des 19. Jahrhunderts entstanden, übt Büchners Erzählung „Lenz" bis heute eine große Faszination auf ihre Leserschaft aus. Vor allem ein Satz aus dem Anfang der Erzählung hat sich ins kulturelle Gedächtnis geschrieben und wird in der Forschungsliteratur immer wieder zitiert: „Müdigkeit spürte er keine, nur war es ihm manchmal unangenehm, dass er nicht auf dem Kopf gehn konnte." (5, 9–9, 11) Der Schriftsteller Arnold Zweig (1887–1968) sieht in diesen Worten sogar eine Weichenstellung in der Literaturgeschichte: „Mit diesem Satze beginnt die moderne europäische Prosa", konstatiert er, „kein Franzose und kein Russe legt moderner einen seelischen Sachverhalt offen hin."[1] Und auch der Schriftsteller

Beginn der modernen Literatur

[1] Zweig, Arnold: Versuch über Büchner. In: Goltschnigg, Dietmar (Hg.): Georg Büchner und die Moderne. Texte, Analysen, Kommentar. Berlin: Erich Schmidt 2001, S. 323–335, hier: S. 329

und Literaturwissenschaftler Walter Jens (1923–2013) bezeichnete das Werk „Lenz" als „die erste moderne Erzählung"[1]. Im Folgenden soll exemplarisch gezeigt werden, inwiefern Büchners Text seiner Zeit – thematisch wie erzähltechnisch – tatsächlich weit voraus war und zu Recht als früher Vertreter, wenn nicht als Schlüsselwerk der Literatur der Moderne gilt.

Die Moderne

Der Begriff „Moderne" bezeichnet eine Anfang/Mitte des 19. Jahrhunderts einsetzende Epoche in der westlichen Welt, die mit einem tief greifenden Umbruch in allen Lebensbereichen einhergeht. Aus soziologischer Sicht ist ihr Beginn durch den Übergang von der feudalistischen zur bürgerlichen Gesellschaft markiert. Diese Übergangszeit war geprägt von einer zunehmenden Industrialisierung und Technisierung, deren Voraussetzung eine wachsende Rationalisierung auf allen kulturellen Gebieten war. Die Religion verlor dementsprechend an Einfluss: Es kam zur allmählichen Entchristlichung und Verweltlichung, für die der Soziologe Max Weber (1864–1920) das Schlagwort der „Entzauberung der Welt" prägte. Mit dem Bedeutungsverlust traditioneller Sinnangebote der Religion und den zunehmend komplexer werdenden, auch gegensätzlichen Erklärungsversuchen der Wissenschaften wird die Wirklichkeit für den Menschen immer unbegreiflicher und brüchiger. Glaubte er sich in früheren Zeiten in eine göttliche Ordnung eingebettet, so fühlt er sich in der Moderne heimatlos, in ein absurdes Universum geworfen. Auf diese soziokulturellen Erschütterungen reagierte die Literatur der Moderne mit einer Vielzahl neuer Themen und dem Einsatz radikal neuer erzählerischer Mittel.

Büchners Erzählung: brüchig gewordene Wirklichkeit

In Büchners Erzählung hat die Wirklichkeit jede Selbstverständlichkeit verloren, sie erscheint rätselhaft und brüchig.

[1] Jens, Walter: Deutsche Literatur der Gegenwart. München: Piper 1961, S. 134

Traditionelle Raum- und Zeitkonzepte drohen sich aufzulösen, Innen- und Außenwelt fließen ineinander über. Schon am Anfang, als der Protagonist in einem Anfall des Wahnsinns durchs Gebirge hetzt, wirkt die Natur bedrohlich und fremd. Sie erscheint hier nicht als objektive, unproblematische Tatsache in der Außenwelt, sondern als Produkt eines verwirrten Geistes und damit höchst subjektiv. Auch die Zeit, einst unhinterfragte Bezugsgröße des Menschen, ist unstetig und relativ geworden: So nimmt sich der Erzähler für bestimmte Augenblicke – zentrale Wendepunkte in der Handlung – viel Zeit, während er andere Sequenzen stark rafft. Korrespondierend zu dieser brüchig erscheinenden Wirklichkeit, steht auch Lenz völlig orientierungslos in der Welt und gibt bald jede Hoffnung auf Rettung auf. Seine gesamte Existenz ist ihm zum Rätsel geworden. Damit repräsentiert er den Menschen in der Moderne, der ebenfalls jede Sicherheit verloren hat und allzu häufig an seinem Dasein verzweifelt.

Bedeutungsverlust der Religion

Die Religion kann Lenz in seinem existenziellen Ringen nicht helfen. Hat es zunächst noch den Anschein, als könnten ihm Gebet und Bibellektüre neuen Halt geben, zeigt sich bald schon das Vergebliche dieser Bemühungen. In Lenz' Zweifel an der Macht und Güte Gottes angesichts seines Leidens klingt das Theodizee-Problem[1] durch, das im 18. Jahrhundert in Philosophie und Theologie an wachsender Bedeutung gewonnen hat. Und in seinem Atheismus-Anfall im Gebirge kündigt sich bereits der „Tod Gottes" an, den der Philosoph Friedrich Nietzsche (1844–1900) Ende des 19. Jahrhunderts erklärt hat: die Verabschiedung

[1] Das Problem der „Theodizee" (altgriechisch: „Gerechtigkeit Gottes") bezieht sich auf die Frage, weshalb Gott das Leid in der Welt zulässt, wenn er doch die Allmacht und die Güte besitzen müsste, es zu verhindern. Der Begriff „Theodizee" geht auf den Philosophen Gottfried Wilhelm Leibniz (1646–1716) zurück.

von allen religiösen, aber auch philosophisch begründeten Hoffnungen und Gewissheiten.

Vernunftkritik

Auch die Kritik an jeder Form der Vernunft, die Nietzsche und andere Philosophen der Moderne vehement äußerten, spiegelt sich in der Erzählung wider. Dadurch, dass Oberlin, die Personifikation aufklärerischer Ideale, seinem Schützling letztlich nicht helfen kann und an dessen Geisteskrankheit scheitert, zeigt Büchner die Grenzen jeder rationalen Weltsicht auf. Wie typisch für die Dichter der Moderne, interessiert er sich nicht für das Helle, Geordnete, sondern für die abseitigen Themen: das Irrationale, den Wahnsinn, das Paradoxe und Unbegreifliche unserer Existenz.

Sprachskepsis

Eng damit verbunden ist ein grundsätzlicher Zweifel daran, dass die Wirklichkeit mit sprachlichen Zeichen adäquat erfassbar bzw. abbildbar ist. Diese Sprachskepsis, ein zentrales Thema moderner Literatur, hat sich tief in Büchners Erzählung eingeschrieben. Anhand des Schicksals des Protagonisten, der den Bezug zur Realität mit wachsender Beeinträchtigung seines Geistes verliert, wird die letztlich unüberbrückbare Kluft zwischen Welt und Sprache vorgeführt. Und wenn Lenz am Ende der Erzählung nur noch wenig und unverständlich zu Oberlin spricht, wird schmerzhaft bewusst, wie abhängig der Mensch trotz allem von seinem Sprachgebrauch ist, ermöglicht ihm dieser doch die Verbindung zu seinen Mitmenschen.

Neue Erzähltechniken

Die neuen Themen und Fragestellungen, die in der Literatur der Moderne aufkamen, gingen einher mit neuen erzählerischen Mitteln, die sich teils radikal von den bisherigen unterschieden. Immer stärker wurde das Bewusstsein, dass der veränderten Wirklichkeit mit traditionellen literarischen Techniken nicht mehr beizukommen ist. Auch in dieser Hinsicht zeigt sich die Erzählung „Lenz" bemerkenswert modern. Büchner versucht nicht, die Welt objektiv abzubilden, sondern konzentriert sich auf das individuelle Erleben seines Protagonisten. So wird die Natur gleich zu Beginn der Erzählung so dargestellt, wie sie Lenz in seinem Wahn erfährt. Als Erzählperspektive überwiegt demnach die Innensicht, die einen Blick auf seine Wahrnehmungen, Gedanken und Emotionen eröffnet. Auch neue Darbietungsformen wie die erlebte Rede unterstreichen das Subjektive der geschilderten Vorgänge. Dazu passend tritt der Erzähler auch nicht, wie häufig in der traditionellen Literatur, als auktorialer Erzähler auf, der das Geschehen kommentiert und bewertet, sondern bleibt außerhalb der erzählten Welt und hält sich mit eigenen Urteilen zurück. Sein Erzählverhalten ist weitgehend personal, in manchen Fällen auch neutral.

Die Erzählung „Lenz“ als Schlüsselwerk der literarischen Moderne

Angesichts der genannten neuen Themen und Techniken gilt die Erzählung „Lenz“ zu Recht als frühes Schlüsselwerk der literarischen Moderne. Sie reagiert auf die soziokulturellen Umbrüche Anfang des 19. Jahrhunderts, die Büchner am eigenen Leib erfahren musste. Dabei ist in ihr bereits die Krisensituation des 20. Jahrhunderts erahnbar, wie sie einige Jahrzehnte später von Autoren wie Franz Kafka (1883–1924) oder Robert Musil (1880–1942) beschrieben wurde.

Die Rezeption der Erzählung „Lenz“

Büchners Bedeutung

Georg Büchner zählt zu den bedeutendsten Autoren der Weltliteratur. Seine Dramen werden bis heute regelmäßig auf in- und ausländischen Bühnen aufgeführt, sein Werk „Lenz“ ist eine der bekanntesten Erzählungen deutscher Sprache. Große Ausstellungen zu seinem Leben und Werk, Briefmarken und Gedenkmünzen anlässlich runder Jahrestage unterstreichen die ungebrochene Popularität des vor über 200 Jahren geborenen Dichters. Seine Bedeutung spiegelt sich nicht zuletzt auch im jährlich verliehenen Georg-Büchner-Preis wider, der als wichtigster Literaturpreis Deutschlands gilt.

Literaturkritik

Dabei wurde der Wert seines Erzählfragments „Lenz“ von der Literaturkritik lange Zeit nicht erkannt. In den meisten Rezensionen zu den 1850 vom Bruder Ludwig herausgegebenen „Nachgelassenen Schriften“ wurde vor allem sein Revolutionsdrama „Dantons Tod“ gewürdigt, sein Prosatext aber nur – wenn überhaupt – kurz erwähnt. Ausgerechnet die damals umfangreichste Besprechung der Erzählung „Lenz“ fiel negativ aus: Julian Schmidt (1818–1886) bescheinigte Büchner zwar großes literarisches Talent, hielt die Erzählung aber aufgrund ihres gewählten Gegenstands für künstlerisch verfehlt. Er lehnte den menschlichen Wahnsinn als literarisches Thema ab und unterstellte dem Autor ebenfalls krankhafte Züge. Ein erster Büchner-Boom setzte erst um 1900 und dann vor allem um 1913 anlässlich des 100. Geburtstags des Dichters ein. Ab diesem Zeitpunkt wurde die „Lenz“-Erzählung immer beliebter und konnte sich im Laufe der nachfolgenden Jahrzehnte einen der obersten Plätze im Kanon deutschsprachiger Werke sichern – für den Literaturkritiker Hans Mayer (1907–2001) ist sie sogar „die größte Erzählung in unserer Sprache“[1]. Diese allgemeine Hochachtung zeigt sich auch in der Aufnahme der Erzählung „Lenz“ in die „ZEIT-Bibliothek der 100 Bücher“, also jene Top-100 der erzählenden Literatur, die 1979 eine Fachjury für die Wochenzeitung „Die Zeit“ zusammengestellt hat.[2]

---

[1] Mayer, Hans: Ein Deutscher auf Widerruf. Frankfurt a. M.: Suhrkamp 1982, S. 212

[2] Auf eine Darstellung der literaturwissenschaftlichen Rezeption der Erzählung „Lenz“ wird hier bewusst verzichtet, da sie den Rahmen eines einführenden Buches zwangsläufig sprengen würde. Während im 19. Jahrhundert noch keine und in der ersten Hälfte des 20. Jahrhunderts nur vereinzelte Veröffentlichungen zu Büchners Erzählung erschienen, ist der Umfang der Forschungsliteratur spätestens seit den 1980er-Jahren (und den textkritischen Editionsarbeiten Hubert Gerschs) kaum noch überschaubar. Das Interesse der Germanistik, den „Lenz“ aus immer wieder neuen Perspektiven und vor dem Hintergrund wechselnder Diskurse zu analysieren, ist bis heute nicht abgeklungen.

Einfluss auf die Literatur

Auch von Literaten wird Büchners Erzählung „Lenz" seit Langem geschätzt. Für Arnold Zweig beginnt mit den Anfangssätzen der Erzählung die moderne europäische Literatur,[1] für den Büchner- und Literaturnobelpreisträger Elias Canetti (1905–1994) ist sie das „wunderbarste Stück deutscher Prosa"[2] und der Dramatiker Heiner Müller (1929–1995) ordnet sie stilistisch und inhaltlich gar dem 21. Jahrhundert zu.[3] Angesichts dieser großen Bewunderung ist es nicht erstaunlich, dass die Erzählung „Lenz" so häufig wie wohl keine andere Erzählung aus dem 19. Jahrhundert als Grundlage und Inspiration für neue Werke diente. Auch wenn diese produktive Rezeption alle literarischen Gattungen, also auch Lyrik und Dramatik,[4] umfasst, übt Büchners Erzählung vor allem einen Reiz auf Prosaautoren aus. Fünf besonders interessante Beispiele erzählender Literatur, die sich mehr oder weniger direkt auf die Erzählung „Lenz" beziehen, sollen im Folgenden kurz vorgestellt werden. Sie vermitteln einen Eindruck, wie unterschiedlich und facettenreich literarische Nachfolgewerke sein können.

Nachhaltig entdeckt wurde Büchner am Ende des 19. Jahrhunderts von den Naturalisten. Neben seinen Dramen übte auch sein Prosafragment einen kaum zu überschätzenden Einfluss auf deren literaturästhetisches Programm aus, das eine möglichst getreue Abbildung der Wirklichkeit mitsamt ihren hässlichen und grausamen Seiten fordert. Besonders deutlich wird diese Wirkung – stilistisch, aber vor

1 Zweig, Arnold: Versuch über Büchner. In: Goltschnigg, Dietmar (Hg.): Georg Büchner und die Moderne. Texte, Analysen, Kommentar. Berlin: Erich Schmidt 2001, S. 323–335, hier: S. 329

2 Canetti, Elias: Das Augenspiel. Lebensgeschichte 1931–1937. München: Hanser 1985, S. 19

3 Müller zitiert nach: Hauschild, Jan-Christoph: Georg Büchner. Biographie. Stuttgart: Metzler 1993, S. 518

4 Beispielhaft seien hier Peter Huchels (1903–1981) Gedicht „Lenz" (1927) und Jürg Amanns (1947–2013) Theaterstück „Büchners Lenz" (1984) genannt.

Gerhart Hauptmann: „Bahnwärter Thiel" (1888)

allem thematisch – in Gerhart Hauptmanns (1862–1946) Erzählung „Bahnwärter Thiel" (1888), die ebenfalls längst zu einem literarischen Klassiker avanciert ist. Sie handelt von einem frommen und unauffälligen Mann, der jahrzehntelang zuverlässig seinen Dienst als Bahnwärter ausübt, bis er eines Tages nach einem tragischen Unglück in einem Wahnanfall Frau und Kind ermordet. Wie Büchners Werk „Lenz" lässt sich auch diese Erzählung als poetische Fallstudie und Darstellung einer allmählich einsetzenden Geisteskrankheit lesen, wobei deren Ursachen ebenfalls nicht im Individuum, sondern in den sozialen Umweltbedingungen gesucht werden.

Noch enthusiastischer wurde Büchner von den Expressionisten am Anfang des 20. Jahrhunderts aufgenommen. Sie feierten ihn als Vorläufer der Moderne, in dessen Werk sie ihre eigenen literarischen Ansprüche und Ziele verwirklicht sahen. Ein konkreter Einfluss der „Lenz"-Erzählung ist vor allem in den Texten Georg Heyms (1887–1912) nachweisbar, der Büchner besonders verehrt hat. So handelt es sich bei seiner Erzählung „Der Irre" (1913) ebenfalls um eine psychologische Studie, in der die Symptome einer seelischen Erkrankung detailliert und plastisch beschrieben sind. Heym erzählt von einem aus der Psychiatrie entlassenen Mann, der auf dem Weg nach Hause, von paranoiden Schüben heimgesucht, wiederholt mordet, bis er schließlich erschossen wird. Ähnlich wie bei Büchner wird der Wahnsinn auch hier überwiegend aus der Innensicht der Hauptfigur geschildert. Besonders deutlich zeigt sich der Einfluss der „Lenz"-Erzählung aber in inhaltlichen Details: So versucht Heyms Protagonist, freilich erfolglos, die von ihm erschlagenen Kinder wieder zum Leben zu erwecken, und badet wenig später zur Beruhigung im Wasser eines Weihers – beides Handlungen, wie sie ähnlich auch in Büchners Erzählung zu finden sind.

Georg Heym: „Der Irre" (1913)

Peter Schneider: „Lenz" (1973)

Ein jüngeres und besonders berühmtes Beispiel ist Peter Schneiders Erzählung „Lenz" (1973), die in den Zeiten der Studentenbewegung, also in den späten 1960er-Jahren, spielt. Das autobiografisch gefärbte Werk handelt von dem jungen Intellektuellen Lenz, der seinem linksgerichteten Berliner Umfeld zunehmend skeptisch gegenübersteht und sich diesem erst am Ende, nach einer langen und aufwühlenden Reise ins Ausland und in die eigene Innenwelt, wieder annähert. Neben dem Titel der Erzählung und dem an den Anfang gestellten Motto, einem einleitenden Satz aus Büchners Erzählung „Lenz", wird die Verwandtschaft zwischen den beiden Texten auch durch die vielen eingestreuten Zitate und durch sprachlich-stilistische Parallelen deutlich. Nicht zuletzt aufgrund dieser Gemeinsamkeiten ist Schneiders Erzählung „Lenz", die längst zum Kultbuch einer ganzen Generation geworden ist, auch heute noch überaus lesenswert.

Gert Hofmann: „Die Rückkehr des verlorenen J. M. R. Lenz nach Riga" (1981)

Eine ganz andere Richtung der literarischen Nachfolge wählt Gert Hofmann (1931–1993) mit seiner Erzählung „Die Rückkehr des verlorenen J.M.R. Lenz nach Riga" (1981). Sie setzt rund eineinhalb Jahre nach Lenz' Abtransport aus dem Steintal ein und erzählt von der reumütigen Rückkehr des Dichters zu seinem Vater, der ihn aber, mittlerweile zu einem in ganz Livland einflussreichen Pfarrer geworden, wie Luft behandelt. Das bei Büchner lediglich angedeutete problematische Vater-Sohn-Verhältnis nimmt hier konkrete, bei der Lektüre zuweilen schmerzhafte Formen an. Vor allem die Schlüsselszene, in der Lenz zu Füßen seines gottgleichen Vaters kniet, der auf der Kanzel eine gewaltige Predigt hält, weckt Assoziationen zu Büchners Erzählung – hier hatte Lenz selbst die Rolle des Predigers eingenommen. Solche Spiegelungen und andere intertextuelle Verweise, aber auch die eingesetzten sprachlichen und stilistischen Mittel machen Hofmanns Erzählung zu einem literarischen Meisterwerk, das selbst den Vergleich mit Büchners Fragment nicht zu scheuen braucht.

Eduard Habsburg: „Lena in Waldersbach" (2012)

Eduard Habsburgs „Lena in Waldersbach" (2012) ist auch und vor allem für jüngere Leser interessant. Die Erzählung handelt von der 17-jährigen Schülerin Lena, die sich für eine Seminararbeit über die Erzählung „Lenz" auf Spurensuche nach Waldersbach begibt und sich beim dortigen Gemeindepfarrer einquartiert. Da sie sich für diese Zeit eine strenge Abstinenz von Facebook, Twitter und Co. verordnet hat, ist sie wie einst der Dichter von der Außenwelt abgeschnitten und mit dem bodenständigen Leben der Einwohner konfrontiert. Während sie nach Beweisen sucht, dass Büchner das Steintal vor der Niederschrift seiner Erzählung selbst erkundet hat, geschehen merkwürdige Dinge um sie herum. Schließlich macht sie eine Entdeckung, die ihr weiteres Leben schlagartig verändert. Die Lektüre der spannenden Geschichte, in die immer wieder auch längere Zitate aus Büchners Erzählfragment eingeflochten sind, wird sicherlich den einen oder anderen Leser dazu ermutigen, Lenas Beispiel zu folgen und die Erzählung „Lenz" (neu) zu entdecken.

Film

Auch in der Filmkunst hat es bereits mehrere Adaptionen der Erzählung „Lenz" gegeben. Während sich George Moorse in seiner gleichnamigen Verfilmung von 1971 um eine weitgehend werkgetreue Umsetzung bemüht, verlegt Alexandre Rockwell die Handlung in die moderne Großstadt: In seinem 1981 erschienenen, ebenfalls mit „Lenz" betitelten Werk verliert der Filmheld allmählich den Bezug zur New Yorker Realität und endet im Wahnsinn. Am weitesten entfernt sich Thomas Imbach in seinem Film „Lenz" aus dem Jahr 2006 von der Vorlage. Sein Film handelt vom Berliner Regisseur Lenz, der zunächst für ein neues Projekt Nachforschungen über Büchner in den Vogesen anstellt, bald aber aus Sehnsucht nach seinem Sohn in den Wintersportort Zermatt reist. In der Fremde des Massentourismus

Filmplakat

wird sein Verhalten immer absonderlicher, bis die Hoffnung auf eine Wiederannäherung an seine Exfrau und seinen Sohn erlischt. Bei Imbachs Film „Lenz" handelt es sich um keine direkte Literaturverfilmung, sondern um ein eigenständiges Werk, das allerdings immer wieder Motive und Gedanken aus Büchners Erzählung aufgreift.

Abschließend sei noch auf Wolfgang Rihms Oper „Jakob Lenz" (Libretto: Michael Fröhling) hingewiesen, die, 1979 in Hamburg uraufgeführt, heute zu den meistgespielten zeitgenössischen Opern gehört. In 13 Szenen wird Lenz' allmählicher geistiger Verfall dargestellt, wobei Wirklichkeit und Wahn in der Inszenierung zunehmend ineinanderfließen und auch vom Zuschauer nicht immer klar voneinander zu unterscheiden sind. Oper

Die Erzählung „Lenz" in der Schule

Der Blick auf die Figuren: Die Personencharakterisierung

Eine literarische Figur charakterisieren – Tipps und Techniken

In einer literarischen Charakterisierung werden neben äußerlichen Merkmalen besonders die Wesenszüge einer literarischen Figur analysiert. Gegebenenfalls muss auch ihre Entwicklung im Werk erfasst werden. Dazu ist es wichtig, die im Text vermittelten Informationen zu sammeln, zu ordnen und zu werten. Bei einem Prosatext ist dabei zwischen der unmittelbaren *Darstellung durch den Erzähler*, der *Selbstdarstellung der Figur* und den *Aussagen anderer Figuren des Werks über die Person* zu unterscheiden.
Auf diesem Wege gelangt man zu einer Gesamtinterpretation der Figur. Das Wesentliche soll nicht in beschreibender, sondern in argumentierender Form dargelegt werden. Alle Behauptungen, die man über eine Figur aufstellt, müssen begründet, das heißt in der Regel durch eine oder mehrere Textstellen belegt werden. Die Zeitstufe ist das Präsens.
Für die Erarbeitung einer literarischen Charakterisierung können unter anderem folgende Aspekte und Leitfragen von Bedeutung sein:

1. **Personalien, sozialer Status und äußeres Erscheinungsbild**
   - Was erfahren wir über Name, Geschlecht, Alter und Beruf der Figur?
   - Werden auffällige äußere Merkmale beschrieben?

- Wie werden die Lebensverhältnisse und das soziale Umfeld der Figur dargestellt?
- Gibt es Informationen zur Vorgeschichte der Figur?

2. Wesentliche Charaktereigenschaften und Verhaltensweisen

- Zeigt die Figur typische Verhaltenseigenschaften und Gewohnheiten?
- Was sind ihre hervorstechenden Wesensmerkmale und Charakterzüge?
- Welche Umstände prägen und bestimmen ihre Existenz?
- Welches Selbstbild hat die Figur?
- Welche inneren Einstellungen, welches Weltbild hat sie?
- Zeigt die Figur eine Veränderung in ihren äußeren Merkmalen oder eine innere Entwicklung?
- Wie wird sie von den anderen Figuren wahrgenommen?
- In welcher Beziehung steht sie zu den anderen Figuren?

3. Sprachgebrauch und Sprachverhalten

- Wie kann der Sprachgebrauch der Figur allgemein beschrieben werden (Sprachebene, Sprachstil)?
- Welche Auffälligkeiten lassen sich auf Satz- und Wortebene erkennen (Satzbau, Wortwahl …)?
- Welche Botschaften werden durch nonverbale Kommunikation übermittelt (Mimik, Gestik, Körperhaltung)?
- Welches Gesprächsverhalten, welche Gesprächsstrategien verfolgt die Figur?

4. Zusammenfassung/Fazit

- Wie lässt sich die Funktion der Figur für die Erzählung beschreiben?

- Inwieweit sind die charakterlichen Merkmale gesellschaftlich bestimmt?
- Welche Gesamtdeutung der Figur ergibt sich aus den gewonnenen Ergebnissen?

Die folgenden Charakterisierungen der zwei wichtigsten Figuren der Erzählung bieten die wesentlichen inhaltlichen Anhaltspunkte für die Gestaltung einer Charakterisierung.

Vorbemerkung

Georg Büchner hat in seiner Erzählung eine wahre Begebenheit aus dem Leben des Dichters Jakob Michael Reinhold Lenz literarisiert. Daher mag die Versuchung naheliegen, zusätzliches Wissen, das nicht dem Text selbst zu entnehmen ist, in die Personencharakterisierung mit einfließen zu lassen. Dies sollte aber unbedingt unterbleiben, handelt es sich bei dem von Büchner gestalteten Lenz doch trotz allem um eine literarische Figur, die streng vom realen Vorbild zu unterscheiden ist. Für die folgenden Ausführungen verbietet sich somit jeder Seitenblick auf biografische oder literaturgeschichtliche Darstellungen. Der Primärtext allein sollte als Grundlage der Argumentation herangezogen werden.

Lenz

1. Personalien, sozialer Status und äußeres Erscheinungsbild

Über den Protagonisten Lenz sind nur wenig eindeutige Fakten bekannt. Letztlich erfährt der Leser lediglich, dass es sich bei Lenz um einen jungen Mann – sein genaues Alter wird nicht genannt – handelt, der als Dichter bereits einige Werke veröffentlicht hat: Im Kunstgespräch nennt er den „Hofmeister“ und die „Soldaten“ (14, 13). Außerdem bejaht er gegenüber Oberlin, „Theologe“ (10, 25) zu sein; es bleibt aber offen, was damit konkret gemeint ist.
Auch über sein Aussehen erfährt man nur wenig. So werden in der Begrüßungsszene in Waldbach zwar „die blonden Locken“ (6, 35) und „sein blasses Kindergesicht“ (7, 16–7, 17) hervorgehoben, darüber hinaus finden sich aber keine weiteren Beschreibungen im Text.

Lenz' gesellschaftlicher Status ist in der erzählten Zeit, die nur wenige Wochen umfasst, denkbar niedrig. Als psychisch Kranker, der ohne Broterwerb auf die Hilfe anderer angewiesen ist und Unterschlupf in einem fremden Haus gefunden hat, steht er auf der sozialen Leiter ganz unten. Auch auf familiären Rückhalt kann er nicht zählen, wirft ihm sein Vater in einem Brief doch vor, „wie er sein Leben hier verschleudre, unnütz verliere" (16, 11). Außerdem scheint er unglücklich verliebt zu sein: So muss er wiederholt – sehnsüchtig, aber auch voller Schuldgefühle – an eine Frau namens Friederike denken, die ihm offenbar unerreichbar fern ist. In einem Satz: Alle äußeren Fakten deuten darauf hin, dass sich der Protagonist zum Zeitpunkt der Erzählung in einer schwierigen, wenn nicht ausweglosen Lebenslage befindet.

2. Wesentliche Charaktereigenschaften und Verhaltensweisen: Psychisch erkrankt

Lenz' gesamter Charakter wird von seiner kranken Psyche bestimmt. Auch wenn sich der Erzähler mit einer Diagnose zurückhält, weist doch alles auf eine seelische Störung hin, die heutzutage als „schizophrene Psychose" bezeichnet werden würde: ein Krankheitsbild, das mit Symptomen wie Realitätsverlust, Wahnvorstellungen, Störungen des Denkens, der Sprache und der Gefühlswelt einhergeht. Schon die Eingangsszene, in der Lenz durchs Gebirge hetzt, lässt das ganze Ausmaß seiner Erkrankung erahnen. So nimmt er die Natur nur verzerrt wahr, die Außenwelt droht, seine Ich-Grenzen zu überfluten. An dieser und späteren Stellen zeigt er eine maßlose Egozentrik, die ihn dazu zwingt, alles auf sich selbst zu beziehen. Er übertreibt häufig, steigert sich in Ideen derart hinein, dass er keine Ruhe mehr findet und seine Mitmenschen irritiert und befremdet (so etwa im Gespräch mit Oberlin über paranormale, übersinnliche Phänomene, vgl. 12, 5–13, 11). Darüber hinaus entwickelt er einen immer deutlicher werdenden Größenwahn, der schließlich im Versuch, wie Jesus einen Toten ins Leben zurückzuholen, seinen grotesken Höhepunkt erreicht (vgl.

Verzerrte Wahrnehmung

Egozentrisch

Übertreibend

Größenwahnsinnig

21, 13–21, 24). So gewinnt „der Wahnsinn“ (6, 27) im Lauf der Handlung immer größere Macht über Lenz, bis er ihn schließlich seelisch zerstört.

Zerrissene Persönlichkeit

Eine Charakterisierung von Lenz ist vor allem deshalb nicht leicht, weil seine Persönlichkeit auffällig zerrissen, in sich widersprüchlich erscheint. Aufgrund der psychischen Störung ist er großen Stimmungsschwankungen, schnell wechselnden Hoch- und Tiefphasen unterworfen, die unterschiedliche, auch entgegengesetzte Wesenszüge in ihm wachrufen. So pendelt sein Charakter zwischen Extremen und lässt sich dadurch nur schwer fassen.

Pendeln zwischen Extremen

In den gesunden Phasen

Voller Lebensfreude

Sensibel und schwärmerisch

Naturverbunden

Religiös

Enthusiastisch

In den – seltenen – Phasen, in denen er von den Auswirkungen seiner Krankheit weitgehend verschont bleibt, ist Lenz voller Lebensfreude. Als sensibler und schwärmerischer Mensch, der sich das kindliche Staunen über die Welt bewahrt hat, erlebt er immer wieder Augenblicke intensiven Glücks, vor allem in der Natur. An diesen Stellen wird seine tiefe Religiosität deutlich, glaubt er doch, Gottes Gegenwart in der Schöpfung zu spüren (vgl. 9, 26–10, 23). In der ersten Zeit im Steintal ist er von großem Enthusiasmus und Tatendrang erfüllt. So bereitet er sich „vergnügt“ (10, 26) auf seine Predigt vor, die er wenig später in der Kirche souverän hält (vgl. 10, 31–11, 17). Und auch im kurz darauffolgenden Kunstgespräch ist er „in guter Stimmung“ (13, 22–13, 23) und vertritt seine Überzeugungen leidenschaftlich (vgl. 13, 22–16, 8). In diesen Szenen zeigt sich Lenz als intelligenter und kultivierter Mann mit vielfältigen Interessen, insbesondere für Religion und Kunst. Dass er frei und überzeugend vor anderen spricht, beweist außerdem Selbstvertrauen und Mut. Kein Wunder also, dass er in diesen Zeiten zuversichtlich ist, bald vollständig zu genesen.

Intelligent und kultiviert

Mutig und selbstbewusst

Zuversichtlich

In den Phasen der Krankheit

Panikattacken

Einen ganz anderen Charakter zeigt Lenz in den Phasen, in denen er von seiner Krankheit und den Panikattacken beherrscht wird. In solchen Momenten erfasst ihn „eine namenlose Angst“ vor dem „Nichts“, vor einer unbegreiflichen „Leere" (6, 23), in der er sich seiner Existenz nicht mehr sicher ist. Unentrinnbar erscheint ihm dann der Teufelskreis aus rastlosem Gehetztsein und stumpfer Teilnahmslosigkeit, aus blindem Aktionismus und erschöpfter Resignation. Beweist er an anderen Stellen durchaus ein gesundes Selbstvertrauen, so fühlt er sich in den Krankheitsepisoden klein und wertlos. Alle zerstörerischen Energien richten sich dann auf die eigene Person: Lenz plagen Schuldgefühle, er bittet Oberlin um Bestrafung oder fügt sich selbst Schmerzen zu. Besonders erschreckend hierbei sind seine Brunnenstürze und die späteren Suizidversuche. Je heftiger seine Anfälle im Handlungsverlauf werden, desto größer ist seine Verzweiflung und Hoffnungslosigkeit. Findet er zunächst noch Kraft und Zuversicht im religiösen Glauben, so wird er bald vom „Atheismus" (22, 2) erfasst und zweifelt wenig später grundsätzlich an der Macht und Güte Gottes angesichts seines eigenen Leids (vgl. 28, 6–28, 8). Schwierigkeiten bereitet ihm auch der Kontakt zu seinen Mitmenschen. Meist „schüchtern" (9, 5) und introvertiert, findet er nur Vertrauen zu Oberlin, der für ihn eine Art Ersatzvater wird. Ansonsten bleibt er einsam und sozial isoliert – bis er am Ende als hoffnungsloser Fall aus dem Steintal abtransportiert wird und die Gemeinschaft somit auch physisch verlassen muss.

Angst vor der Leere

Gehetzt, aber auch teilnahmslos

Fühlt sich klein und wertlos

Hat Schuldgefühle

Verzweifelt und hoffnungslos

Religiöse Zweifel

Schüchtern und introvertiert

Einsam und sozial isoliert

Als introvertierter Mensch braucht Lenz eine gewisse Zeit, um ins Gespräch mit anderen zu kommen. Bei seiner Ankunft in Waldbach etwa ist er zunächst so nervös, dass ihm das Reden schwerfällt: „[E]r suchte nach Worten und erzählte rasch, aber auf der Folter" (7, 9–7, 10). Nachdem er sich jedoch beruhigt hat, bezaubert er Oberlins Familie durch „sein lebendiges Erzählen" (7, 17–7, 18). Hier und an anderen Stellen zeigt sich der Dichter in ihm, der seine Mitmenschen durch Sprache für sich gewinnt. So erreicht er mit seiner späteren Predigt die Herzen der Gläubigen – „sie litten alle mit ihm" (11, 13) – und beeindruckt auch

3. Sprachgebrauch und Sprachverhalten:

Begeistert seine Zuhörer

89

Zuhörer im kurz darauffolgenden Kunstgespräch: „[M]an horchte auf, es traf vieles" (16, 6).

Seine Ausführungen in diesem Gespräch, die über zwei Seiten in direkter Rede wiedergegeben sind (vgl. 13, 28–16, 5), vermitteln einen guten Eindruck von seinem Sprachgebrauch. Es fällt auf, dass Lenz kaum Hypotaxen, dafür umso mehr Parataxen verwendet: allein stehende, meist kurze Hauptsätze oder aneinandergereihte, gleichwertige Satzteile, aber nur wenige untergeordnete Nebensätze. Dadurch wirkt seine Rede nicht argumentierend, sondern eher behauptend, an manchen Stellen geradezu apodiktisch[1] – so etwa die provokante Aussage: „Alles Übrige kann man ins Feuer werfen." (14, 5–14, 6) Seine Leidenschaft fürs Thema ist offenbar so groß, dass ihm die Geduld und Ruhe für tiefergehende Begründungen fehlt. Um die Zuhörer von seinem Standpunkt zu überzeugen, gebraucht er anschauliche Bilder („Holzpuppen", 14, 8) und pointierte Zuspitzungen („Die Leute können auch keinen Hundsstall zeichnen.", 14, 6–14, 7). Er verliert sich nicht in trockener Theorie, sondern bringt sich selbst ein und erzählt eigene Erlebnisse (z. B. seine Beobachtung zweier Mädchen auf einem Felsen, vgl. 14, 17–14, 26), um seine Auffassung von Kunst und Literatur begreifbar zu machen. So erreicht er seine Zuhörer nicht nur über den Kopf, sondern spricht sie auch und vor allem auf emotionaler Ebene an.

Parataxen

Behauptend, apodiktisch, provokant

Leidenschaftlich

Bilder und Zuspitzungen

Aus dem Leben gegriffen

Emotional ansprechend

Wie sein gesamtes Wesen ist auch sein Sprachgebrauch und -verhalten dem Verlauf der psychischen Störung unterworfen. Zeigt sich Lenz in guten Zeiten als eloquenter und begeisternder Redner, so verfällt er in den Phasen, in denen er von der Krankheit beherrscht wird, in grüblerisches Schweigen (vgl. z. B. 20, 4), spricht „mit ängstlicher Hast" (23, 23) oder stößt nur noch unverständliches Gemurmel hervor:

Psychischer Störung unterworfen

[1] keinen Widerspruch duldend, im Urteil streng und intolerant

„Ja gestorben – Hieroglyphen." (26, 2), erklärt er Oberlin einmal, um sogleich wieder zu verstummen.

Am Beispiel seiner Titelfigur Lenz zeigt Büchner auf beklemmende Weise, wie eine seelische Störung den Charakter und die Lebensumstände eines Menschen bestimmen und ihn schließlich zugrunde richten kann. Gerade weil es sich bei der Titelfigur um einen begabten jungen Dichter handelt, der trotz aller Rückschläge immer wieder neuen Lebensmut schöpft, macht die Lektüre betroffen und nachdenklich. Bereits in der ersten Hälfte des 19. Jahrhunderts entstanden, handelt es sich bei der Erzählung um einen der ersten Versuche überhaupt, den Verlauf einer psychiatrischen Erkrankung literarisch darzustellen. Auch deshalb gehört Büchners Erzählung „Lenz" zu den Schlüsselwerken der modernen Literatur und hat bis heute nichts von seiner Faszination verloren.

4. Zusammenfassung/Fazit

Wie bei Lenz sollten auch bei der Personencharakterisierung von Oberlin keine, etwa aus Literaturgeschichten oder historischen Darstellungen gewonnenen Informationen in die Ausführungen mit einfließen. Denn auch bei dem Oberlin, der in der Erzählung auftritt, handelt es sich um eine literarische Figur, die klar von der historischen Persönlichkeit zu unterscheiden ist. Die literarische Welt, die Büchner entworfen hat, hat Anspruch auf Autonomie, ganz egal auf welchem realen Hintergrund sie letztlich beruht.

Vorbemerkung

Oberlin

In der Erzählung finden sich weder konkrete Angaben zu Oberlins Alter noch Beschreibungen seines Aussehens. Sicher lässt sich nur sagen, dass er als Pfarrer in Waldbach, einem Ort im vogesischen Steintal, arbeitet und hier mit seiner Familie und den Mägden lebt. Als Mann Gottes, der den Menschen Trost und Kraft spendet, genießt er in seiner Umgebung hohes Ansehen. So „drängte" (8, 31) man sich

1. Personalien, sozialer Status und äußeres Erscheinungsbild

bei einem Besuch um ihn, „er wies zurecht, gab Rat, tröstete; überall zutrauensvolle Blicke" (8, 32–8, 33).

2. Wesentliche Charaktereigenschaften und Verhaltensweisen: Ausgeglichen und zufrieden

In jeder Hinsicht – als Ehemann, Familienvater und Geistlicher – scheint Oberlin zufrieden und glücklich zu sein. Diese innere Ausgeglichenheit ist die Voraussetzung für seinen vielleicht auffälligsten Charakterzug: die große Hilfsbereitschaft, die schon in seinem Beruf als Seelsorger zum Ausdruck kommt. Dabei zeigt er große Disziplin und unermüdlichen Fleiß. Selbstlos nimmt er sich der Probleme seiner Gemeindemitglieder an und steht ihnen väterlich zur Seite. Auch Lenz heißt er in seinem Haus sogleich willkommen, ohne dessen Vorgeschichte zu kennen. „Oberlin wusste von allem nichts", heißt es an einer Stelle, „er hatte ihn aufgenommen, gepflegt; er sah es als eine Schickung Gottes, der den Unglücklichen ihm zugesandt hätte, er liebte ihn herzlich." (13, 17–13, 19) Für ihn ist es selbstverständlich und eine christliche Pflicht, einem Mitmenschen in Not zu helfen. Dabei zeigt er stets größte Geduld und bleibt Lenz gegenüber auch gewogen, wenn dieser grob wird oder einen neuen Rückfall erleidet.

Hilfsbereit

Diszipliniert, fleißig

Selbstlos

Geduldig

Oberlins Hilfsbereitschaft ist eng verbunden mit seiner tiefen Religiosität. Der Glaube an Gott gibt ihm Kraft für seine aufopferungsvolle Arbeit und dient ihm als eine Art innerer Kompass in schwierigen Zeiten. Bei aller Selbstsicherheit, die er zweifellos hat, ist er doch auch ein bescheidener und gottesfürchtiger Mann, der seinen Platz in der Welt kennt. Die menschlichen Grenzen akzeptierend, vertraut er einer größeren Macht, deren Weisheit und Güte er nicht infrage stellt. So rät er auch seinem Schützling Lenz wiederholt, Hilfe bei Jesus zu suchen: „[E]r möge sich brünstig an ihn wenden, und er würde teilhaben an seiner Gnade." (22, 26–22, 27)

Religiös

Bescheiden, gottesfürchtig

Realistisch

Trotz dieses Gottvertrauens ist Oberlin aber auch realistisch und steht mit beiden Beinen fest im Leben. Er verlässt sich keineswegs nur auf höhere Mächte, sondern geht Probleme beherzt an und versucht, sie pragmatisch zu lösen. Dabei hat er – in den Worten des Aufklärers Immanuel Kant – den Mut, sich seines eigenen Verstandes zu bedienen, also auf der Grundlage der menschlichen Vernunft zu handeln. Für Schwärmereien oder endlose Spekulationen fehlt ihm hingegen der Sinn. So beendet er ein Gespräch über paranormale, übersinnliche Dinge, in das sich Lenz immer weiter hineinsteigert, abrupt: „Oberlin brach es ab, es führte ihn zu weit von seiner einfachen Art ab." (13, 5–13, 6) Diese Bodenständigkeit ist auch der Grund, weshalb er Lenz schließlich ermahnt, „sich in den Wunsch seines Vaters zu fügen, seinem Berufe gemäß zu leben, heimzukehren" (22, 18–22, 20). Bei aller Geduld und Nachsicht mit seinem Gast hat Oberlin kein wirkliches Verständnis für dessen Lebenswandel. Zu groß ist die Kluft zwischen Lenz' emotionalem, von Launen und Stimmungen geprägtem Wesen und seiner eigenen besonnenen Grundhaltung, die durch Selbstdisziplin und Pflichtbewusstsein bestimmt ist.

Pragmatisch

Vernünftig

Bodenständig

Dass Oberlin die Verantwortung für Lenz schließlich abgibt und ihn nach Straßburg bringen lässt, deutet keineswegs auf eine mögliche Ungeduld, Feigheit oder gar Grausamkeit hin, sondern spricht vielmehr für seine kluge Umsicht. Angesichts der fortschreitenden Geisteskrankheit, insbesondere der zunehmenden Suizidversuche seines Schützlings, hat Oberlin seine eigenen Grenzen klar erkannt und die daraus folgenden Konsequenzen gezogen. Paradox formuliert: Gerade weil er die Ohnmacht vernünftigen Handelns gegenüber Lenz am Ende einsieht, beweist er Vernunft.

Umsichtig

Über Oberlins Sprachgebrauch und -verhalten lässt sich wenig Konkretes aussagen, weil seine Rede in der Erzählung nur selten direkt und wenn dann immer nur in kurzen Sätzen wiedergegeben wird. Diese vereinzelten Stellen aber weisen auf seine Herzlichkeit hin, etwa wenn er Lenz mit den Worten „Sein Sie mir willkommen, obschon Sie mir unbekannt." (7, 3–7, 4) in seinem Haus begrüßt oder

3. Sprachgebrauch und Sprachverhalten:

Herzlich

ihn gegen Ende der Erzählung fragt: „Was denn, mein Lieber?“ (28, 35–29, 1) Auch in den Unterhaltungen, von denen nur indirekt erzählt wird, zeigt sich Oberlin als zugewandter Gesprächspartner, der seinem Gegenüber stets mit Respekt und Wohlwollen begegnet. Besonders deutlich jedoch wird seine Nächstenliebe in der Antwort und Geste, mit der er Lenz' Bitte, man möge ihn zur Strafe schlagen, ablehnt: „Oberlin nahm die Gerten aus seiner Hand, drückte ihm einige Küsse auf den Mund und sagte: dies wären die Streiche, die er ihm zu geben hätte“ (23, 16–23, 18).

Zugewandt

Respektvoll, wohlwollend

4. Zusammenfassung/Fazit

Mit seinem gesamten Charakter stellt Oberlin eine Art Gegenpol zur Titelfigur Lenz dar. Während dieser von seiner Geisteskrankheit beherrscht wird und rasch wechselnden Stimmungen, Angst- und Panikattacken ausgeliefert ist, zeigt sich Oberlin stets ausgeglichen, mithin geistig gesund. Er repräsentiert in der Erzählung ein Wunschbild der Epoche der Aufklärung: den mündigen, sich seines eigenen Verstandes bedienenden Menschen, der Probleme selbstbewusst und tatkräftig in die Hand nimmt. Kein Wunder also, dass Lenz bald Vertrauen zum Pfarrer gewinnt und hofft, in dessen Gegenwart zu genesen. So wird im Aufeinandertreffen der beiden Figuren auch die Frage nach den Möglichkeiten der Vernunft in Konfrontation mit dem Irrationalen, hier am Beispiel einer psychischen Erkrankung, gestellt. Doch die Erzählung gibt eine überaus pessimistische Antwort: Dadurch, dass Oberlin seine Ohnmacht am Ende einsieht und seinen Schützling wegschickt, zeigt sie die Grenze aller aufklärerischen Ideale auf. Nicht zuletzt wegen dieser frühen Vernunftkritik konnte sich Büchners Erzählung „Lenz“ einen festen Platz im Kanon der Weltliteratur sichern.

Der Blick auf den Text: Die Textanalyse

Einen Textauszug analysieren – Tipps und Techniken

Für die Analyse eines Textauszugs stehen grundsätzlich zwei verschiedene Methoden zur Auswahl: die Linearanalyse und die aspektgeleitete Analyse.

In der **Linearanalyse** werden die einzelnen Aspekte systematisch analysiert, das heißt ihrer Reihenfolge nach. Dies führt in der Regel zu genauen und detaillierten Ergebnissen. Allerdings besteht dabei die Gefahr, dass zu kleinschrittig gearbeitet wird und die übergeordneten Deutungsaspekte des Auszugs aus dem Blick geraten.

In der **aspektgeleiteten Analyse** werden diese Deutungsschwerpunkte von vornherein festgelegt. Daraus ergibt sich in der Regel eine problemorientierte und zielgerichtete Vorgehensweise. Dabei werden jedoch die Deutungsaspekte, die nicht im Fokus des Interesses stehen, vernachlässigt.

Aufbauschema

1. Einleitung:
Themensatz: Autor, Titel, Textsorte, Erscheinungsjahr, Thema, kurze Inhaltsangabe

↓

2. Einordnung des Textauszugs in die Erzählung:
- Was geschieht vorher, was nachher?

Linearanalyse	*aspektgeleitete Analyse*
↙	↘
3. Inhaltlicher Aufbau: • Auflistung der Textabschnitte/ Textgliederung	**3. Untersuchungsschwerpunkte:** • Auflistung der ausgewählten Untersuchungsaspekte
↓	↓
4. Beschreibung und Deutung der unter 3. angegebenen Textabschnitte: • Aussagen zum Inhalt des Abschnitts • Aussagen zur Deutung, Einbettung in den Zusammenhang der Erzählung • Einbezug der sprachlichen Gestaltung • Überleitung zum nächsten Textabschnitt	**4. Beschreibung und Deutung der unter 3. angegebenen Aspekte:** • Benennen des jeweiligen Aspekts • Aussagen zur Deutung, Einbettung in den Zusammenhang der Erzählung • Einbezug der sprachlichen Gestaltung
↘	↙

5. Schluss:
- Zusammenfassung der Ergebnisse
- Einordnung in einen größeren Deutungszusammenhang
- Bewertung

Beispielanalyse (linear): 20, 29 – 22, 12

Aufgabe: Analysieren (beschreiben und deuten) Sie den vorliegenden Textauszug aus der Erzählung „Lenz" von Georg Büchner.

Einleitung

Der vorliegende Textauszug stammt aus Georg Büchners unvollendeter Erzählung „Lenz", die 1839 postum erschienen ist. Sie handelt vom Aufenthalt des Sturm-und-Drang-Dichters Jakob Michael Reinhold Lenz Anfang 1778 beim Pfarrer Johann Friedrich Oberlin im vogesischen Steintal. Als Grundlage für seinen Text verwendete Büchner Oberlins Aufzeichnungen über diese Zeit. Auch wenn die Erzählung ein konkretes Ereignis aufgreift, umkreist sie doch so grundsätzliche Themen wie das Verhältnis zwischen Individuum und Gesellschaft, den Gegensatz zwischen Vernunft und Irrationalität oder die Frage nach Gott angesichts des Leids dieser Welt. Psychisch erkrankt und in seinem Leben völlig orientierungslos, sucht Lenz beim Pfarrer Zuflucht und Halt. Nachdem sich sein Zustand nach einer Reihe sich wiederholender Angst- und Panikattacken, Wahnanfälle und Suizidversuche zusehends verschlechtert hat, muss Oberlin schließlich erkennen, dass er seinem Schützling nicht helfen kann. Er gibt die Verantwortung für Lenz ab und lässt ihn ins nahe gelegene Straßburg bringen.

Einordnung des Textauszugs in die Erzählung

Der zu analysierende Textauszug ist der zweiten Hälfte der Erzählung entnommen. Sie handelt von einem Ereignis, in dem Lenz' wachsender Wahnsinn besonders drastisch zum Ausdruck kommt. Vom Pfarrer für ein paar Tage allein gelassen und nur in Gesellschaft von Madame Oberlin, ist sein seelischer Zustand bereits zu Beginn der Episode äußerst labil. Ihn beschäftigen noch die Erlebnisse, die er kurz zuvor im Nachbartal in einer fremden Hütte gemacht hat. Darüber hinaus leidet er unter der Sehnsucht nach einer geliebten Frau, in die sich starke, wenn auch irrationale Schuldgefühle mischen. In dieser unsicheren Verfassung versucht Lenz, ein totes Kind zu erwecken, und wird nach seinem Scheitern vom Atheismus erfasst. Die Episode stellt einen Wendepunkt der Erzählung dar, besteht danach doch kaum noch Hoffnung auf Lenz' Gesundung. Waren die Textpassagen zuvor noch geprägt von einzelnen, freilich nur kurzen Phasen der Besserung und Zuversicht, so läuft die Handlung danach unaufhaltsam ihrem tragischen Ende entgegen.

Inhaltlicher Aufbau

Der Textauszug lässt sich in fünf Teile untergliedern. Während der erste Abschnitt (20, 29–21, 1) Lenz' psychischen Zustand thematisiert, handelt der zweite Abschnitt (21, 1–21, 9) davon, wie er vom Tod des Kindes im Nachbarort erfährt und nach Fouday aufbricht. Der dritte Teil (21, 9–21, 24), der als dramaturgisches Zentrum des gesamten Textauszugs aufgefasst werden kann, erzählt vom fehlgeschlagenen Erweckungsversuch. Im darauffolgenden vierten Teil (21, 24–22, 7) wird Lenz' Reaktion auf sein Scheitern geschildert: seine hastige Flucht ins Gebirge, wo er Gott verflucht und vom Atheismus ergriffen wird. Als eine Art Resümee beschreibt der abschließende fünfte Abschnitt (22, 8–22, 12) erneut seine innere Verfassung, die durch die zurückliegenden Ereignisse nun noch hoffnungsloser und bedrückender erscheint.

Beschreibung und Deutung der Textabschnitte: Abschnitt I

Der Textauszug beginnt mit der Schilderung der Leere und Kälte, die Lenz nach dem Abschied vom in die Schweiz aufgebrochenen Oberlin empfindet. Ohne Halt durch den Pfarrer und noch stark beeindruckt vom charismatischen Fremden, dem Heiligen, den er ein paar Tage zuvor im Nachbartal in einer Hütte kennengelernt hat, leidet Lenz darunter, dass in ihm jegliches Feuer erloschen ist. „Je leerer, je kälter, je sterbender er sich innerlich fühlte, desto mehr drängte es ihn, eine Glut in sich zu wecken“ (20, 29–20, 31). Mit allen Mitteln versucht er, seine einstige

Lebensenergie wieder zu entfachen. Er verbringt seine Zeit mit „religiösen Quälereien“ (20, 29), betet, fastet, bittet Gott um ein Zeichen. Außerdem plagt ihn die Sehnsucht nach der fernen Frau Friederike Brion, in die er unglücklich verliebt ist. In einem Satz: Sein seelischer Zustand ist zu Beginn der Episode besorgniserregend.

Abschnitt II

Der zweite Abschnitt erzählt von Lenz' Reaktion auf die Nachricht, dass im Nachbarort Fouday ein Kind gestorben sei. Angesichts seiner zuvor beschriebenen Verfassung verwundert es nicht, dass er diesen Tod als „eine fixe Idee“ (21, 2), als das ersehnte göttliche Zeichen auffasst. Die Nachricht fällt gleichsam auf fruchtbaren Boden: Lenz nimmt sie persönlich, baut sie in seine eigene Erlebniswelt ein. Er fastet einen Tag lang, beschmiert sein Gesicht schließlich mit Asche, hüllt sich in einen alten Sack und macht sich in diesem Büßergewand auf den Weg nach Fouday.

Einer der Gründe, weshalb er sich offenbar an dem Unglück schuldig fühlt, beruht auf einem fatalen Zufall. Wie in Oberlins Bericht dokumentiert und auch in einer anderen überlieferten Textfassung von Büchners Erzählung übernommen, trug das verstorbene Kind in der historischen Wirklichkeit den Vornamen Friederike. So stellt Lenz in seinem Wahn die Nachricht aus Fouday in einen Zusammenhang mit dem ungewissen Schicksal der Frau in der Ferne. Realität und Einbildung verschmelzen in unheilvoller Weise. Die aus seiner Sehnsucht gewachsenen Sorgen um Friederike Brion werden nun angesichts eines konkreten Todesfalls zu fürchterlichen Gewissensqualen.

Abschnitt III

Mit dem dritten Abschnitt erreicht die Episode ihren Höhepunkt. Nachdem Lenz in Fouday angekommen und zur Leiche geführt worden ist, die im bloßen Hemd auf einem Holztisch liegt, ergreift ihn großes Entsetzen: „Lenz schauderte, wie er die kalten Glieder berührte und die halbgeöffneten gläsernen Augen sah.“ (21, 12–21, 13) Angesichts seiner krankhaften Egozentrik liegt die Vermutung nahe, dass er in diesem Moment nicht nur an die ferne Friederike denkt, sondern sich unbewusst auch selbst mit dem Leichnam identifiziert: „Das Kind kam ihm so verlassen vor, und er sich so allein und einsam“ (21, 13–21, 14). Hat er sich bereits zu Beginn der Episode leer und leblos gefühlt, so scheint er sich nun im kalten, starren Körper gespiegelt zu sehen. Mit einem Mal erfasst ihn das Grauen vor dem Sterben: „[D]er Tod erschreckte ihn, ein heftiger Schmerz fasste ihn an“ (21, 15–21, 16).

Kein Wunder, dass er alles unternimmt, um das Kind zu erwecken. Insgeheim gilt dieser verzweifelte Rettungsversuch der eigenen Seele. Nach einer Weile des vergeblichen Flehens richtet sich Lenz auf, ergreift die Hände des Leichnams und spricht: „Stehe auf und wandle!“ (21, 22) In diesem Augenblick hat sein Größenwahn eine neue Dimension erreicht. Ist er einige Tage zuvor schon einmal in die Rolle des Pfarrers geschlüpft, der von der Kanzel zu seiner Gemeinde predigt, so inszeniert er sich nun als Sohn Gottes. Als Theologe mit der Bibel vertraut, gebraucht er dieselben Worte, die Jesus an einen Gelähmten auf der Bahre richtet. Darüber hinaus erinnert die Szene auch an die Erweckung des verstorbenen Lazarus durch Jesus, von der das Johannesevangelium berichtet.

Doch Lenz ist nicht Jesus, die Wirklichkeit nicht die Bibel. Sein Versuch, das Kind ins Leben zurückzuholen, scheitert: „Aber die Wände hallten ihm nüchtern den Ton nach, dass es zu spotten schien, und die Leiche blieb kalt.“ (21, 22–21, 24) Fassungslos muss Lenz erkennen, dass seine Bitte nicht erhört worden ist. Gott zeigt sich nicht, scheint kein Mitgefühl mit seinen Kreaturen zu haben.

Abschnitt IV

Der anschließende vierte Abschnitt erzählt, wie Lenz auf diese Zurückweisung reagiert. Er stürzt aus dem Zimmer und rennt, von einem neuen Anfall erfasst, ins Gebirge. Kurz zuvor in der Rolle des Erlösers schmählich gescheitert, sinnt er nun auf teuflische Rache. Sein Größenwahn richtet sich nun gegen Gott selbst und dessen gesamte Schöpfung: „In seiner Brust war ein Triumphgesang der Hölle. Der Wind klang wie ein Titanenlied, es war ihm, als könnte er eine ungeheure Faust hinauf in den Himmel ballen und Gott herbeireißen und zwischen seinen Wolken schleifen; als könnte er die Welt mit den Zähnen zermalmen und sie dem Schöpfer ins Gesicht speien" (21, 28–21, 33). Seine Blasphemie könnte kaum größer sein. Doch hinter all den Flüchen und Lästerungen verbirgt sich letztlich nur der verzweifelte Wunsch, sein Ich zu retten. Ist ihm dies mit göttlichem Beistand nicht gelungen, so wählt Lenz nun die Konfrontation. Im Aufbegehren gegen Gott hofft er, den drohenden Persönlichkeitsverlust abwenden und die Grenzen seiner Identität bewahren zu können.

Oben auf der Gebirgshöhe angelangt, klingt seine Wut wieder ab und weicht beißendem Spott. Die Welt erscheint ihm plötzlich unendlich banal: „[D]er Himmel war ein dummes blaues Aug, und der Mond stand ganz lächerlich drin, einfältig." (21, 35–22, 1) Weit und breit keine Spur von einem allmächtigen, gütigen Schöpfer: „Lenz musste laut lachen, und mit dem Lachen griff der Atheismus in ihn und fasste ihn ganz sicher und ruhig und fest." (22, 1–22, 3) Angesichts des plötzlichen Zweifels an der Existenz Gottes erscheint ihm die gesamte Wirklichkeit sinnlos, auch sein eigenes Schicksal hat nun jede Bedeutung verloren. Alles wird ihm auf einmal egal. Was bleibt, sind körperliche Empfindungen: Lenz friert, ist müde, er will ins Bett. Ist er kurz zuvor wie wahnsinnig, in hasserfüllter Erregung den Berg hinaufgestürmt, so geht er nun „kalt und unerschütterlich" (22, 5), durch nichts mehr beeindruckt ins Tal zurück, „es war ihm alles leer und hohl" (22, 6). Wieder fühlt er sich innerlich wie tot – nun aber leidet er nicht mehr darunter.

Wie im ersten Abschnitt des Textauszugs wird auch im abschließenden fünften Abschnitt, nun als eine Art Resümee, Lenz' angeschlagener Zustand beschrieben. In Oberlins Abschnitt V

Haus zurückgekehrt, erfasst ihn „großes Grauen“ (22, 8), wenn er an seine atheistischen Anwandlungen im Gebirge denkt. Er steht nun am „Abgrund“, und in masochistischer Manier drängt ihn „eine wahnsinnige Lust“ dazu, „immer wieder hineinzuschauen, und sich diese Qual zu wiederholen“ (22, 9–22, 11). Ein Teufelskreis, denn je größer die Lust, desto größer auch seine Angst, sich „wider den Heiligen Geist“ (22, 12) zu versündigen. Im Gegensatz zum Anfang des Textauszugs fühlt er sich nun nicht mehr leer und kalt, sondern hin- und hergerissen zwischen extremen Gefühlen. In ihm lodert wieder das lang ersehnte Feuer der Leidenschaft, in der Konfrontation mit Sünde und Lust spürt er endlich wieder sein eigenes Ich. Besser freilich geht es ihm dadurch nicht.

Schluss

Der vorliegende Textauszug nimmt einen dramaturgisch zentralen Platz in Büchners Erzählung ein. An keiner Stelle zuvor wird Lenz' besorgniserregender Zustand so plastisch beschrieben wie hier. In seinem größenwahnsinnigen Versuch, ein verstorbenes Kind zum Leben zu erwecken, und dem darauffolgenden Atheismus-Anfall im Gebirge wird die ganze Dimension seiner Geisteskrankheit deutlich. Gab es zuvor immer wieder auch Hoffnung auf seine Genesung, so steuert die Handlung danach unaufhaltsam auf ihren tragischen Ausgang zu.

Beispielanalyse (aspektgeleitet): 10, 23–12, 4

> ***Aufgabe: Analysieren (beschreiben und deuten) Sie den vorliegenden Textauszug aus der Erzählung „Lenz“ von Georg Büchner.***

Einleitung

Der vorliegende des Textauszug stammt aus Georg Büchners Erzählfragment „Lenz“. Sein einziges Prosawerk, 1839 als nachgelassene Schrift erschienen, handelt vom 20-tägigen Aufenthalt des Sturm-und-Drang-Dichters Jakob Michael Reinhold Lenz beim evangelischen Pfarrer Johann Friedrich Oberlin im vogesischen Steintal 1778. Psychisch erkrankt und in seinem Leben ohne Halt, findet Lenz beim Pfarrer und dessen Familie Zuflucht. Als sich sein Zustand nach mehreren Angst- und Panikattacken, Wahnanfällen und Suizidversuchen aber zusehends verschlechtert hat, sieht Oberlin sich schließlich gezwungen, die Verantwortung über seinen Schützling abzugeben und ihn ins nahe gelegene Straßburg bringen zu lassen. Dieses konkrete Ereignis aufgreifend, umkreist die Erzählung so grundsätzliche Fragen wie das Verhältnis zwischen Individuum und Gesellschaft, die Rolle der Religion in der beginnenden Moderne oder den Gegensatz zwischen Vernunft und Irrationalismus.

Einordnung des Textauszugs in die Erzählung

Der zu analysierende Textauszug ist der ersten Hälfte der Erzählung entnommen. Sie setzt zu einem Zeitpunkt ein, zu dem Lenz bereits ein paar Tage im Steintal gelebt und allmählich Vertrauen zu Oberlin gewonnen hat. Sein psychischer Zustand ist dementsprechend gut, es besteht Grund zur Hoffnung. Der vorliegende Textauszug handelt von der Predigt, die Lenz in dieser Phase vor der Gemeinde hält, und von seinem darauffolgenden Zusammenbruch. Aus struktureller Sicht ist diese Passage auch deshalb interessant, weil hier das erste Mal ausführlich von einem Ereignis erzählt wird, das den Protagonisten in seelische Note stürzt. Der Textauszug ist mithin der Auftakt einer ganzen Reihe solcher Rückschläge.

Untersuchungsaspekte

Besonders deutlich wird im vorliegenden Textauszug Lenz' komplizierte, überaus ambivalente Einstellung zur Religion. Eng damit verbunden und ähnlich zwiespältig ist sein Verhältnis zu Oberlin, das einerseits vom Wunsch nach Nähe und Anerkennung geprägt ist, andererseits aber auch von unbewussten Größenfantasien, die den Pfarrer letztlich auf Abstand halten. Der vorliegende Textauszug soll im Folgenden hinsichtlich dieser beiden Aspekte analysiert werden.

Beschreibung und Deutung der Aspekte:

I. Aspekt: Die Bedeutung der Religion für Lenz

Lenz' Wunsch, eine Predigt vor der Gemeinde zu halten, scheint zunächst für seine allmähliche Genesung zu sprechen. Er hat sich mittlerweile in sein neues Zuhause eingelebt und Vertrauen zu Oberlin gewonnen. Auch die zauberhafte Natur der Umgebung, in der er eine göttliche Macht zu spüren vermeint, hat einen wohltuenden Einfluss auf ihn. So deutet alles darauf hin, dass er predigen möchte, um seinem wiedergewonnenen Lebensmut, vielleicht seiner Dankbarkeit gegenüber Gott, Ausdruck zu verleihen. Dementsprechend beschwingt macht er sich an die Vorbereitung: „Lenz ging vergnügt auf sein Zimmer, er dachte auf einen Text zum Predigen und verfiel in Sinnen, und seine Nächte wurden ruhig." (10, 26–10, 28) Die Religion scheint für ihn also die gleiche Bedeutung zu haben wie für die meisten Gläubigen: Die Hinwendung zu Gott, ob im Gebet oder in der Lektüre der Heiligen Schrift, spendet ihm Trost und Zuversicht auch in schwierigen Zeiten.
Doch schon kurz darauf, als er auf der Kanzel steht, zeigt sich eine andere Seite seiner Religiosität. Dem ehemaligen Theologiestudenten gibt der Glaube nicht nur Halt, sondern auch Anlass zur permanenten Reflexion und Grübelei. Ihm erscheint Gott keineswegs nur als gütiger Vater, sondern auch als etwas Unbegreifliches, ja Furchterregendes. Im Gegensatz zu den Gemeindemitgliedern, einfachen Leuten vom Land, denen solche Anwandlungen fremd sind, spürt Lenz in der Auseinandersetzung mit Gott und seinem eigenen Schicksal immer wieder großes Leid. Auch in der Kirche schwindet seine anfängliche Freude, „sein ganzer Schmerz wachte jetzt auf, und legte sich in sein Herz" (11, 11). Dieser Schmerz entsteht nicht etwa aus einem „von materiellen Bedürfnissen gequälte[n] Sein" (11, 15 –11, 16), welches die Menschen aus dem Steintal in ihrem harten, entbehrungsreichen Leben kennen. Nicht diese alltäglichen, „dumpfen Leiden" (11, 16) sind hier gemeint, sondern ein tief empfundenes Leid an der bloßen

Existenz. In seiner Predigt gelingt es Lenz, die Herzen seiner Zuhörer zu erreichen und ihnen eine Ahnung von seinem Schmerz zu vermitteln: „Er sprach einfach mit den Leuten, sie litten alle mit ihm" (11, 12–11, 13).
Trotz dieses verbindenden Moments wird gerade in der Kirchenszene die Kluft zwischen Lenz und den anderen greifbar. Für die Gemeinde hat die Religionsausübung immer auch eine gesellschaftliche Funktion. Man kommt sonntags zusammen, aufgeputzt in feierlicher Kleidung – „die Weiber und Mädchen in ihrer ernsten schwarzen Tracht, das weiße gefaltete Schnupftuch auf dem Gesangbuche" (10, 32–10, 34) –, und begeht die heilige Messe. In der Huldigung Gottes und seiner ganzen Schöpfung beschwört und festigt man den sozialen Zusammenhalt. In diesen Momenten erscheint alles in göttlicher Ordnung, „es war als löste sich alles in eine harmonische Welle auf" (11, 1–11, 2). Im Gegensatz dazu empfindet Lenz gerade im Gottesdienst ungeheures Leid: „Das All war für ihn in Wunden; er fühlte tiefen unnennbaren Schmerz davon." (11, 24–11, 25) Besonders plastisch wird die Kluft zwischen ihm und den anderen, als die Gemeinde ein Kirchenlied anstimmt: „Leiden sei all mein Gewinst, Leiden sei mein Gottesdienst." (11, 21–11, 22) Für die einfachen Leute sind es harmlose Verse, in Ausübung eines Rituals mehr oder weniger gedankenlos gesungen. Lenz hingegen nimmt jedes Wort auf, bezieht es auf sein eigenes Dasein. So entpuppt sich die Religion, die anfangs wie eine Brücke zu seinen Mitmenschen erschien, letztlich als trennende Mauer. Der Gemeinschaft gehört Lenz nicht an – er bleibt allein.

II. Aspekt: Lenz' Verhältnis zu Oberlin

Ähnlich ambivalent wie sein Verhältnis zur Religion ist seine Beziehung zu Oberlin. So könnte man Lenz' Absicht zu predigen zunächst als Versuch auffassen, sich dem Pfarrer anzunähern. Während sein Vater enttäuscht von ihm ist – in einem Brief wirft er ihm vor, dass er sein Leben verschwende –, bemüht sich Lenz um die Anerkennung des neuen väterlichen Freundes. Als ehemaliger Theologiestudent will er den Geistlichen durch seine Predigt in der Kirche beeindrucken. Hat der leibliche Vater schon kein Verständnis für ihn, so soll doch zumindest der „Ersatzvater" stolz auf seinen Schützling sein und erkennen, dass er ihn zu Recht bei sich aufgenommen hat. Kein Wunder also, dass sich Lenz voller Eifer und Vorfreude an die Ausarbeitung seines Textes macht und wenig später aufgeregt, aber auch glücklich auf der Kanzel steht: „Ein süßes Gefühl unendlichen Wohls beschlich ihn." (11, 12)

Die gesuchte Nähe ist aber nur ein Aspekt seiner Beziehung zu Oberlin. Wie vor allem die Psychoanalyse, also die Wissenschaft von den unbewussten Vorgängen in der menschlichen Seele, aufgezeigt hat, ist jede Vater-Sohn-Konstellation auch von Konkurrenz geprägt. Ist Lenz' richtiger Vater auch in weiter Ferne, spiegelt sich dieser Konflikt doch in seiner Beziehung zu Oberlin. Mit der Predigt, so ließe sich aus dieser Perspektive sagen, versucht Lenz, sich aus der Abhängigkeit des Pfarrers zu befreien, gleichsam auf eigenen Füßen zu stehen. Mehr noch: Bei genauerem Blick sind in der Kirchenszene erste Größenfantasien zu entdecken, die sich in seinem späteren Verhalten noch deutlicher zeigen werden. Denn nicht nur aus psychoanalytischer Sicht liegt die Vermutung nahe, dass sein empfundenes Glücksgefühl auch dadurch entsteht, dass er während der Predigt Oberlins Platz einnimmt. Oben auf der Kanzel, die Gläubigen zu seinen Füßen, schlüpft er symbolisch in die Rolle des bewunderten Pfarrers. War er in den Tagen zuvor gewissermaßen der kleine, schutzbedürftige Sohn, so drängt er nun an die Stelle des mächtigen Vaters und macht ihm dessen Position streitig.

Damit stellt die Predigt den Höhe- und Wendepunkt der Beziehung zwischen den beiden Männern dar. In dem Augenblick, in dem Lenz seinen Triumph in der Kirche auskostet, findet seine Annäherung an Oberlin ihren Abschluss.

Nach dem Höhenflug folgt der Absturz. Kurz nach der Predigt kehren Angst und Panik zurück: „Das Drängen in ihm, die Musik, der Schmerz, erschütterte ihn." (11, 23) Psychoanalytisch gefärbt, ließe sich dieser Gefühlsumschwung dadurch erklären, dass sich Lenz für seine Hybris, seine Anmaßung gegenüber Oberlin, unbewusst selbst bestraft. Hat er kurz zuvor noch eine Welle des Glücks erlebt, so erscheint ihm die Welt nun bedrohlich und finster. Zurückgekehrt in „sein einsames Zimmer" (11, 27), bricht er zusammen: „Er war allein, allein!" (11, 27) Auch Oberlin, die schützende Vaterfigur, ist nun in unerreichbare Ferne gerückt. In diesem Moment hat Lenz' Verzweiflung einen neuen Tiefpunkt erreicht: „[E]r empfand ein leises tiefes Mitleid in sich selbst, er weinte über sich, sein Haupt sank auf die Brust" (11, 31–11, 33).

Schluss

Zusammengefasst handelt es sich bei dem Textauszug um eine für das Verständnis der Gesamthandlung überaus wichtige Passage. Zum ersten Mal in der Erzählung wird hier anhand eines konkreten Beispiels – der Predigt vor der Gemeinde – dargestellt, wie es zu einem plötzlichen Gemütsumschwung des Protagonisten kommt. Besonders entscheidend hierfür sind Lenz' ambivalente Einstellung zur Religion und sein ebenso zwiespältiges Verhältnis zu Oberlin, das von den gegensätzlichen Wünschen nach Nähe und nach Freiheit bestimmt ist. Dabei markiert der Textauszug den Höhe- und Wendepunkt der Beziehung zwischen den beiden Männern. Aus struktureller Sicht ist außerdem bemerkenswert, dass der Textauszug zuversichtlich, ja fröhlich beginnt, schließlich aber mit Lenz' Zusammenbruch düster und hoffnungslos endet. Insofern spiegelt sein Aufbau auch den Handlungsverlauf von Lenz' Ankunft im Steintal bis zu seinem Abtransport wider.

Der Blick auf die Prüfung: Themenfelder

Dieses Kapitel dient zur unmittelbaren Vorbereitung auf die Prüfung: Schulaufgabe bzw. Klausur oder schriftliche bzw. mündliche Abiturprüfung. Die wichtigsten Themenfelder werden in einer übersichtlichen grafischen Form dargeboten. Außerdem verweist eine Liste mit Internetadressen und Literaturangaben (S. 113f.) auf mögliche Quellen für Zusatzinformationen.

Die schematischen Übersichten können dazu genutzt werden,

- wesentliche Deutungsaspekte der Erzählung kurz vor der Prüfungssituation im Überblick zu wiederholen,
- die Kerngedanken der Erzählung noch einmal selbstständig zu durchdenken und
- mögliche Verständnislücken nachzuarbeiten.

Zum Verständnis der Schemata ist die Kenntnis der vorausgehenden Kapitel unerlässlich. Die folgenden Schwerpunktsetzungen beruhen auf Erfahrungen aus jahrelanger Prüfungspraxis. Die Übersicht IV (Vergleichsmöglichkeiten mit anderen literarischen Werken) soll als Anregung dienen, um den eigenen Lektürekanon auf möglicherweise interessante Vergleichspunkte hin abzuklopfen.

Übersicht I: Gemeinsamkeiten zwischen Lenz und Büchner

J. M. R. Lenz (1751–1792)	**Georg Büchner** (1813–1837)
Bruch mit strengem Vater	
wegen eigener Lebenspläne	wegen revolutionärer Taten
Längerer Aufenthalt in Straßburg	
als Bediensteter und als freier Schriftsteller	als Student, später als Exilant
Psychische Labilität	
vmtl. Schizophrenie	depressive Phasen
Heimatlosigkeit	
wegen Krankheit und beruflicher Probleme	wegen politischer Verfolgung
Sehnsucht nach Frau in der Ferne	
u. a. nach Friederike Brion	nach Verlobter Minna Jaeglé während des Studiums in Hessen
Radikal neue poetologische Ansichten	
Repräsentant der Epoche des Sturm und Drang	Wegbereiter der modernen Literatur (v. a. wichtig für Naturalisten und Expressionisten)
Früher Tod	
im Alter von 41 Jahren	im Alter von 23 Jahren

Übersicht II: Die Erzählung „Lenz" als frühes Werk der literarischen Moderne

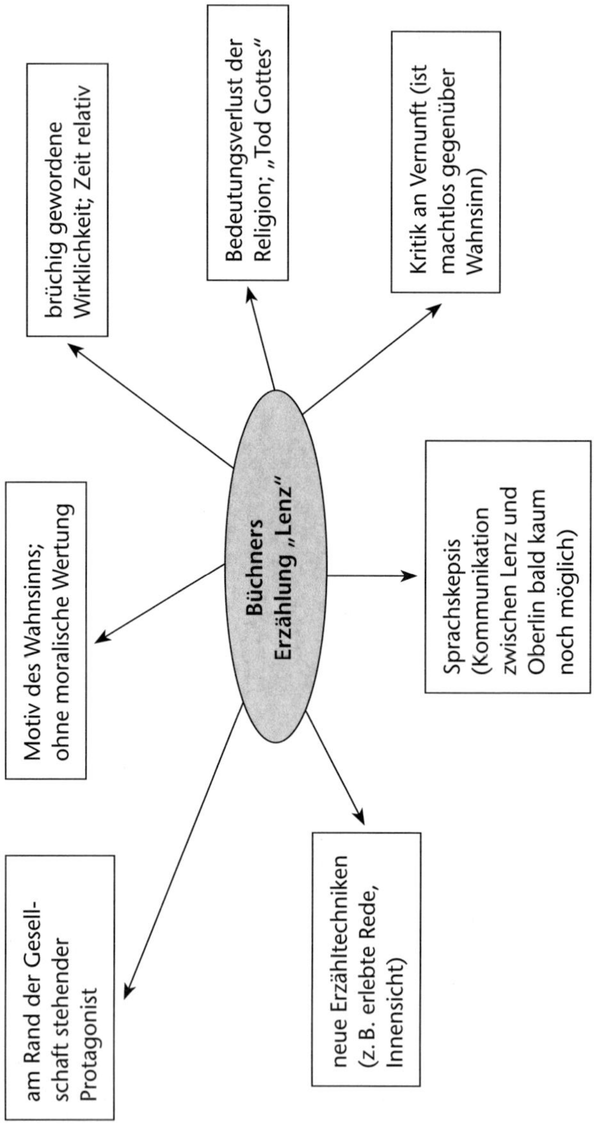

Übersicht III: Mögliche Untersuchungsschwerpunkte

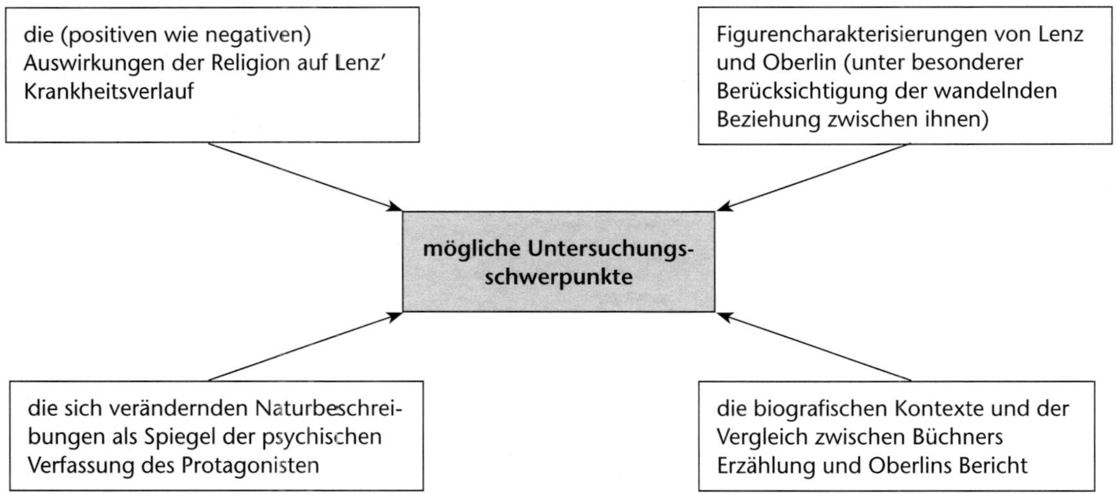

Übersicht IV: Vergleichsmöglichkeiten mit anderen literarischen Werken

Figurenvergleiche, z. B.
- Lenz mit Nathanael aus Hoffmanns Erzählung „Der Sandmann“
- Oberlin mit Karl Roßmanns Onkel aus Kafkas Roman „Der Verschollene“

Motivvergleiche, z. B.
- das Motiv des *Wahnsinns* in Hauptmanns Novelle „Bahnwärter Thiel“
- das Motiv des *Vater-Sohn-Konflikts* in Kafkas Erzählung „Das Urteil“
- das Motiv der *Religion* in Gotthelfs Novelle „Die schwarze Spinne“

Büchners Erzählung „Lenz“

Büchners Naturbeschreibungen im Vergleich
- mit den Naturbeschreibungen aus einem Werk der Romantik, z. B. Novalis' „Heinrich von Ofterdingen“
- mit den Naturbeschreibungen aus dem poetischen Realismus, z. B. Kellers „Romeo und Julia auf dem Dorfe“
- mit den Naturbeschreibungen aus der literarischen Moderne, z. B. Musils „Verwirrungen des Zöglings Törleß“

Vergleichende Erzähleranalyse, z. B.
- mit Kellers Novelle „Kleider machen Leute“
- mit Hofmannsthals Prosatext „Ein Brief“
- mit Kafkas Erzählung „Die Verwandlung“
- mit Th. Manns Novelle „Der Tod in Venedig“
- mit Köppens Roman „Der Tod in Rom“
- mit Frischs Roman „Homo faber“
- mit Süskinds Erzählung „Der Kontrabass“

Internetadressen

Unter diesen Internetadressen kann man sich zusätzlich informieren:

www.xlibris.de/Autoren/Buechner
(informative Seite zu Leben und Werk Georg Büchners)

www.buechnerportal.de
(zahlreiche und vielfältige Informationen zu Büchner)

www.zum.de/Faecher/D/BW/gym/Buechner/
(Überblick über die Werke Büchners)

www.zeit.de/2013/42/georg-buechner-200-jahre
(ausführlicher Zeitungsartikel zu Büchners 200. Geburtstag)

www.g.eversberg.eu/DUpdf/BuechnerUMat.pdf
(Interpretationen und Materialien zu Büchners Erzählung „Lenz")

www.buechnergesellschaft.de/
(Internetportal der Georg Büchner Gesellschaft mit einigen weiterführenden Links)

www.deutscheakademie.de/de/auszeichnungen/georg-buechner-preis
(Website zum Georg-Büchner-Preis)

[Stand: 12.11.2015]

Literatur

Textausgabe

Georg Büchner: Lenz. Der Hessische Landbote. Erarbeitet und mit Anmerkungen und Materialien versehen von Roland Kroemer. Herausgegeben von Johannes Diekhans. Paderborn: Schöningh 2010

Weitere Literatur

Bernhardt, Rüdiger: Erläuterungen zu Georg Büchner: Lenz. Hollfeld: Bange 2006

Borgards, Roland und Harald Neumeyer: Büchner Handbuch. Leben – Werk – Wirkung. Stuttgart: Metzler 2009

Damm, Sigrid: Vögel, die verkünden Land. Das Leben des Jakob Michael Reinhold Lenz. Frankfurt a. M.: Insel 1992

Hofmann, Michael und Julian Kanning: Georg Büchner. Epoche – Werk – Wirkung. München: Beck 2013

Kurzke, Hermann: Georg Büchner. Geschichte eines Genies. München: Beck 2013

Neuhuber, Christian: Georg Büchner. Das literarische Werk. Berlin: Erich Schmidt 2009

Schaub, Gerhard: Georg Büchner. Lenz. Erläuterungen und Dokumente. Stuttgart: Reclam 1996

Schede, Hans Georg: Georg Büchner. Lenz. Interpretationshilfe Deutsch. Freising: Stark 2005

Notizen

Notizen